知的生きかた文庫

不思議なくらい「自分を成長させる」60の言葉

朝倉千恵子

JN283181

三笠書房

はじめに

本書は、365日を〝かなりうれしい毎日！〟にする本です！

「朝倉さんは、若い頃から仕事に信念をもって、迷いなく進んでこられたように見えます」

今の私の姿は勇ましく（!?）映るのでしょうか……。人からこう言われることがとても多いのです。

それはすごく光栄なことですが、実際の私の20代、30代は仕事でもプライベートでも迷いと失敗の連続でした。小学校教師からはじまり、税理士事務所、証券ファイナンス会社など職もいろいろ変わりました。

そんな私ですが、今では「これが私の天職です！」といえるほどの仕事に巡り合えました。

さまざまな企業で、研修や講演など人財育成のお手伝いをさせていただいています。日々の生活を楽しみながら、心をリラックスさせながら、「自分らしい」と思える、充実した毎日を過ごしています。

これはどんな時も私が、「仕事を大事にしながら自分を成長させていきたい。働くことを通して自分の可能性を伸ばしていきたい」という思いをもち続けていたからだと思うのです。

幸いなことに私のまわりには、母を含め素敵に生きている多くの女性たち、厳しくも温かい上司、叱咤激励してプラスの方向へと導いてくれる人生の師がいて、さまざまな知恵を直接学ばせていただいています。

本書では、「昨日よりもっと輝いていたい。明日は今日よりもっと成長したい」そう願うあなたに、私自身が体験して学んできたことや、まわりの尊敬する人たちから教えていただいたことを少しでも多くお伝えしていきたいと思っています。

読者のみなさんを〝実の妹〟と思って書きました。

言葉一つひとつが、**「自分を伸ばす」小さなきっかけになるはずです。**

ひとつでも構いません。まずは試してみてください。**たちまちあなたの魅力がキラキラ輝き出します！**

さあ、一緒に〝幸せになる扉〟を次々と開けていきましょう。

20倍も30倍も成長した〝新しい素敵な自分〟を発見してください！

朝倉千恵子

もくじ

Part 1

どんな仕事も、もっと楽しくなる!
――元気な私の「新☆シゴトのルール」

Part 2

好かれる女性は「話し方」にたくさんの工夫がある

――「話し方」を変えると〝いいことばかり〟起きる

Part 3

〝見た目〟も〝中身〟もいつでも勝負できる女性になるために

——品格のある女性はここに気をくばっている

Part 4

魅力的な人生は「時間の整理」から生まれる

——オンもオフも「最小の努力」で「最大の成果」を上げたいあなたへ

Part 5

居心地のいい人間関係をつくるには3秒あればいい！

——〝運〟は「人」が運んでくるのです

編集協力・**株式会社ジオコス　平田節子**

あなたは
もっともっと
素敵になれるよ！

Part 1

どんな仕事も、もっと楽しくなる！

——元気な私の「新☆シゴトのルール」

この職業にさえつけば、絶対にやりがいのある毎日がやってくる！
なんてことはありません。

どんな大企業に入社しても、だれもが憧れるような職種についたとしても、その人が真剣に仕事と向き合わなければ、たちまち〝退屈でつまらない作業〟になってしまうのです。

反対に、本気で仕事をすれば、どんな仕事も楽しいものです！

この章では、仕事でキラキラと輝いている女性の秘密と、仕事を通して自分を大きく成長させる考え方を紹介します。

あなたは、仕事でワクワク・ドキドキしてますか？

自分に「いいこと」を起こす"仕事術"①

「相手の気持ちを想像する」これが、すべての成功の基本

サア、相手のよろこぶ顔を思い浮かべて…!


人から愛される人、かわいがられる人。そういう人たちには必ず共通点があります。

それは、「人をよろこばせることを自分のよろこびにしている」ということです。

どうすれば相手がよろこぶかということを先回りして、実際に行動できるのです。

たとえば、何か食べものをだれかから贈っていただいたとします。

受けとった時にお礼をいうのは当然だれでもできることでしょう。でも、その後、食べてどうだったのかの「心の報告」までしているかどうか。

食べものを贈った人は、相手が口にしてよろこんでくれることを想像しながら選んでいるはずです。

ですから、その人が本当に期待しているのは、届いた時のお礼ではありません。食べてどう感じたのか、が一番聞きたいのです。

果物を贈ったとしたら、その果物に対してどう思ったのか。味はどうだったのか？　口に合ったのか？　どううれしかったのか。それを知りたいのです。

食べものであれば味。アドバイスを受けたとしたら、そのアドバイスを実行した結果「どうなったのか」という報告をする。そういったことができる人はだれからも愛され、ますますサポートを受けられます。

「相手が何を期待しているか、相手の気持ちを想像する」――これは何も特別むずかしいことではありません。

自分がしてもらって一番うれしいことを、それ以上にしてあげればいいだけ。

自分が相手だったら「どうしてほしいか」「どうすればうれしいか」。

こんなふうに相手の気持ちのツボを心得た行動ができる人は、仕事でもプライベートでも必ずだれからも愛され、いい結果を招きます。

自分に「いいこと」を起こす〝仕事術〟②

「信頼」も「チャンス」も思いのままにつかむには？

〝単純に見える仕事〟は高い評価を得る最高の機会

「コピーをとらせれば、その人の能力のすべてがわかる……」

そう教えてくださったのは弁護士として活躍され著書も多い高井《たかい》伸夫《のぶお》先生です。

単純な作業やだれにでもできるようなことほど、気づかいや気配りができる人と、そうでない人の差がくっきりと出てしまうものなのです。

たとえば、エンピツで書かれた文書はそのままコピーしてしまうと、薄くて読めなくなります。エンピツ文字は少し濃い設定でコピーをとるのが思いやりです。

ファックスで送ることがわかっているのならば、上部に少し余白をつくる。送付状をつけなくてもいいくらいの親しい相手ならば、そこに宛て名やメッセージを記載し

1枚で送れるからです。

会議の資料なら、ホッチキスやクリップでとめても読めるように、文字や図表は左上、もしくは右上ギリギリにまでこないようにする。

名刺や新聞の切り抜きのコピーは、文字が小さいままでは読みにくいもの。ましてやファックスを送るとなると、拡大コピーは必須です。

コピーとりや資料の製本など、一見単純に見える仕事ほど、「この資料はどうやって使うのだろう。何のために必要なのだろう」という先を見通した気配りや配慮が大切です。

私自身も最初からこのような〝想像力を使った仕事〟をできたかというとそうではありません。

やはり失敗を経て、工夫を重ねながら覚えていきました。

どんな仕事でも、ほんの少しだけ立ちどまって考えてみる。

そのまま「言われたことだけやります」と、ただの〝作業〟にしないことが大切です。

自分に「いいこと」を起こす〝仕事術〟③

「1冊のノート」があなただけの〝相談役《アドバイザー》〟になる！

100円の大学ノートに書きつけたことは私の〝一生の財産〟！


「私たちは過去からしか学べない」と言った人がいます。

今の自分の姿は、すべて過去の自分の選択の結果です。

より成功するにはどうするか。同じ失敗をしないためには？……大きな未来を手にしたいなら、ぜひみなさんも、体験、経験から学んでほしいと思います。

私は営業職時代、100円の大学ノートに何でも書き残すようにしていました。時系列で起こったことを全部ノートに書いていったのです。

ノートに縦線を引いて、左の3分の2にお客様からの要望や言われたことを書く。残り右側3分の1にそれに対して自分が何を感じ、何を学んだか。心の気づきを書いておくのです。

4年間で大学ノートが20冊残りましたが、これは私の〝一生の財産〟です。お客様のデータが詰まった顧客ノートであり、自分自身のデータが詰まった〝心ノート〟でもあります。

私自身の成長のプロセスが確実にわかるものなのです。

〝行動の歴史〟は思い出せるのですが、〝心の歴史〟はなかなか追いかけられません。部下にも同じようにノートを書くよう指導しています。

これは営業職だけではなく、すべての職種の方にオススメです。

たとえば事務職の人なら、上司から仕事の依頼があった時にこのノートをもっていって書き留めていけばいいでしょう。そしてその時自分は何を感じ、どう思ったのか。どう工夫したのかを隣に書いていく。

実際にいろいろと書き込みながら、自分の好きなように改良していってもいいでしょう。

紙に書き留めていくということは、あなたの〝仕事スキル〟〝心の質〟を磨いていく上で想像以上にプラスになります。みなさんもぜひ、試してみてください。

自分に「いいこと」を起こす〝仕事術〟④

あなたは会社でどう見られているか？

頑張っているとごほうびがあるんです。ちゃーんとね。

「日本一のお茶くみの話」をご存じでしょうか。

3年間お茶くみ係だった人が、ある日いきなり主任に抜擢《ばってき》されたのです。いつでも笑顔で、年齢層の高い人には、ちょっと熱めの渋いお茶。若い人には冷茶やコーヒー。なじみのお客様には好みに合わせたものを……。心をこめてお茶を淹《い》れ続けた女性です。上司が「あんなに細やかな気づかいができる女性だから、きっと仕事のできる人だろう」と評価したのです。

お茶を淹れる作業だけでも、一生懸命やり続けることによって「○○さんの淹れてくれるお茶が一番おいしい」と評判になる。たかがお茶などとバカにしてはいけません。これがいわゆる〝ブランディング〟なのです。

自分を〝ブランド化〟していくことは、ビジネスパーソンのひとつの目標です。

「できる営業といえば、田中さん」「笑顔がきれいといえば、山田さん」……。

自分をブランド化することは、営業職時代の私にとっても大切な目標でした。

単なる「○○会社の朝倉さん」と会社のブランドに守られた自分ではなく、「営業といえば、朝倉さん」と、私自身がブランドとなる。

社名なんか関係ない。朝倉さんの話はおもしろい、あの人の売っているものに間違いはない、と言われる人になることを目標としたのです。

だから自分流の営業方法を、つくり上げていきました。

ロングスカートに帽子という、営業としては奇抜な装いをしていました。

「12分だけ時間をください」と面談のお約束をとって、「12分過ぎましたので本日は帰ります」という営業をしたこともあります。「○○の話はしましたか？　では、それはまた今度」と、まるで連続ドラマのような帰り際を演出したこともあります。

会社から任された仕事にどんな「自分らしさ」という付加価値をつけていくのか。これがブランディングの第一歩なのかもしれません。

自分に「いいこと」を起こす〝仕事術〟⑤

「目の前のこと」に集中していれば、〝人生の新しい台本〟が届く

自分の中の「やる気の虫」をおだてる方法

「今の仕事にやりがいを感じなくて……」こんなふうに悩んでいるあなたは、本当はとっても責任感があって、仕事に誠実な人。なぜなら、もともと〝やる気〟がなければ悩む必要もありません。そんなあなたに、ほんの少し見方を変えるだけで、どんな仕事も10倍楽しくなる魔法をお教えしましょう。

仕事に大切なことは「何のために」です。営業でも、事務でも、全て同じ。目的を理解せずに、ただ目の前のことをやることを「作業」と言います。「作業」ばかりしていたら、どんなにやる気がある人でも、やりがいを感じられなくなって当たり前。「作業」ではなく「仕事」にするには、目の前のやるべきことの本当の目的を知って

おくこと。

仕事はいろいろな人の手を通って進んでいきます。たったひとりでできる仕事なんてありません。あなたの今やっている仕事の前工程、後工程はどうなっているでしょうか。仕事の流れがわかっている人は、その仕事の目的を理解して後工程をする人がやりやすいように考えて仕事ができます。

たとえば、資料の作成を頼まれたとしたら。「この資料はどう使われるのか」を想像すれば、納期よりも早めに渡したほうがいいかなとか、この資料もつけたら参考になるのでは……いろいろ考えられることはありますよね。ただの「作業」だと思っていたら、それでおしまい。どんな仕事でもクリエイティブなことはできるのです。

そうした動きができる人が「できる女性」なのです。自分のパートだけやって「そこは私の仕事ではありません」と言う人は、残念ながらなかなか評価されないもの。

最初に任された仕事が、どんな小さなものであっても「気が利いた仕事ができる」という評価を受けると、次に新たな仕事が展開されていきます。仕事の報酬は、もっとおもしろい仕事なのです。そして、そのおもしろくて今とは違う仕事こそが、あなたを次のステージへと導いてくれるのです。

自分に「いいこと」を起こす〝仕事術〟⑥

驚くほどの効果！「収入アップ！の法則」

人生を楽しむためには
〝準備〟が必要

年に一度は海外旅行に行きたいし、流行の服を着てオシャレもしたい。習い事の語学スクールやスポーツジムにもお金がかかる……。

思わず「もっとお金があればなー」なんてつい呟《つぶや》いてしまう気持ちも理解はできます。年収〇千万円のセレブ女社長に注目が集まるのもうなずけます。

「今よりもっと収入をアップさせたい！」と思っているあなたに、私からひとつアドバイス。

お金を追いかけるのをやめなさい。お金を追いかけるのではなくて、仕事を追いかけなさい。

目先のお金ばかりを追いかけて、「こんなお給料じゃ、やってられません」と言っている人に限って、実力がともなっていないことが多い。

もしも、今もらっているお給料に不満をもっているなら、まずは自分の「仕事力」を強化することに着目する。

仕事の報酬は、前述したとおり、お金ではなく仕事です。「あの人はいい仕事をする人だね」とか「あの人に任せれば、安心だね」……。仕事を通して信用を重ねていくことによって、ひとつの仕事が終わったら、また次により責任のある仕事が与えられ、さらに次の仕事……。そうすると確実に力がついてくる。

その結果、報酬は必ず後からついてきます。

気がつけば収入が2倍にも3倍にもなっていた、なんてこともあるのです。

だから、どんな仕事であっても文句を言わずに、「どうすればよりベストな結果が出せるだろう」とか、「どうすればこの仕事は早く片づくだろう」と、今そこにある仕事と向き合うことが、〝豊かな人生を送る一番の近道〟なのです。

自分に「いいこと」を起こす〝仕事術〟⑦

「ポテトチップス理論」で〝納期ギリギリ仕事〟をなくす

ちょっとした余裕の
あるなしが仕事の質に
大差をつける

昔、大阪の親戚のおじさんに教わったこと。「千恵子、同じ戦うんやったら、土俵《どひょう》の真ん中で戦え！　土俵際に追いやられて焦《あせ》るのは弱い力士や！」

仕事をする人も力士も同じです。しばらくほうっておいた仕事を、いつも納期ギリギリになってようやく手をつけて焦る。土俵際に追い込まれてから焦る。

どんなに強いお相撲さんでも、最初に甘い取り組みをして土俵際に追いやられてしまうと、そこから巻き返すというのは、倍以上の力がかかるものなのです。集中力だけで巻き返そうとすると、ミスが発生しやすい状況になります。プロならば、納期よりもいく分早めに仕上げ、何度か手直しする余裕はほしいものです。

とはいうものの、あれもこれもしなくては……というのが現状かもしれません。後回しにしていたものが間に合わなかったり、最悪の場合「あっ、忘れてました！」なんてことも。そんな人には私が考案した「ポテトチップス理論」をおススメします。

ポテトチップスを食べたいと思って、コンビニに行きました。ところが食べるタイミングを逃して「今度食べよう」と戸棚にしまっておきました。数日後、それを忘れてまたポテトチップスを買ってしまう。家に帰ってから、戸棚で同じものを見つけて「しまった！」。こういう経験、あなたもあるのではないでしょうか。

かじらないで置いておくと、後回しにしたまま忘れがちなのです。けれども最初にひと口ポテトチップスをかじって、テープかホッチキスでとめておくと、次の日も「ポテトチップス」の存在は忘れません。

仕事も、まずはひと口かじってみることです。少しでも手をつけると、この仕事にどれくらい時間がかかるか、という目算ができます。

そして「あれどうなってる？」という上司に対しても「まだやっていません」ではなく「途中ですが○○日までに仕上げます」と言えます。

何でも後回しではなく、今日のうちに少しだけかじっておきましょう。

自分に「いいこと」を起こす〝仕事術〟⑧

〝素敵な人のマネ〟からすべての成功が始まる

あなたのまわりで「あんな人になりたい」と思っている人はどんな人？

「成長が早い人ってどんな人？」と尋ねられたとき私は、①素直であること、②学ぶ意欲があること、③自分の行動に責任をもてること、この3つの条件をあげています。

とくに「素直な心」は神様から贈られた〝最高の才能〟です。

私が尊敬する経営の神様として知られる松下幸之助さんは、「素直さ」を次のように定義しています。「素直な心とは、寛容にして私心なき心、広く人の教えを受ける心、分を楽しむ心であります。また、静にして動、動にして静の働きのある心、真理に通ずる心であります」

この「素直な心」が私自身も完全にわかったわけではありません。けれども「広く人の教えを受ける心」は大切にしています。

また私の部下たちにも、素直に教えを受ける心をもっていてほしいと思っています。

私が学んできたことや気づきなど、教えられることはすべて教えたい。ですからどんなに忙しくても、新入社員の営業には、時間が許すかぎり同行します。私の営業方法を隣で見て、感じて、学んでほしいのです。ここぞ、という時に私がどんな言動をとるのか。そのときの声の出し方や、表情や、間のとり方は――。

それは本を何冊読んでも、わからないことかもしれません。目で見て、感覚で覚えるしかない部分を、素直に感じてほしいのです。

私も営業の世界の右も左もわからなかった時代、その会社で一番売り上げを上げている先輩について営業先を回っていた時期があります。先輩は細かくは教えてくれません。けれどもまずはその人がやることをよく見て、聴いて、五感で感じてマネすることから始めました。

「あの先輩は特別だ」「あの人と自分は違うから」と、できない言い訳、やらない言い訳を考えないことです。

成果が出ている人のマネから始められる人は、最短距離で成長できる人です。

自分に「いいこと」を起こす〝仕事術〟⑨

「やりたくない仕事」に取り組む時、人は一番成長する

自信がなくても飛び込んでみよう！

「管理職にはなりたくありません。手に職をつけて専門職で長く働きたいです」という話をよく聞きます。最近は女性だけでなく、男性でもこういう人が増えてきました。

もちろん専門職でもいいでしょう。けれどもそれには「だれにも負けない」という飛びぬけたものが必要です。私は人材派遣などのビジネスもしていますから、求人関連の情報も手に入ります。たとえば35歳をこえた中堅の年齢で、そこそこの結果しか出せない人は市場価値がグンと落ちます。

厳しいことを言うようですが、同じくらいの結果ならば、企業は安い給料で働いてくれる若い人を採用したいと考えます。たとえ資格をもっていても、それを活かした

仕事をした経験と実績がなければ意味がありません。

年齢を重ねてからも長く仕事をしようと思うのならば、たとえ女性でもやはりマネージャーとしての仕事を覚えておくことです。どんな時代でも、組織は優秀な管理職を望んでいるのです。自分の目の前にチャンスがめぐってきたら、自信がなくても管理職となる道を選んでみましょう。

最初からできる人はいません。自分にとってその肩書きは重いとしても、「どうすればできるだろう」と考えながら、日々成長していけばいいのです。

実は人が一番成長するのは、〝やりたくない仕事〟をやっている時です。

やりたくない仕事で成果を出そうと思うと「それをやりたい仕事に変化させていく」か「できるだけ簡単にやる方法を生み出す」か、どちらかしかありません。

そうすることで頭も使い、周囲とコミュニケーションもはかっていかなければいけません。工夫をし、たえずチャレンジすることになります。

これが人を一番成長させるのです。

少しだけ勇気をもってマネジメントの道に向かってみませんか。それがあなたのビジネスライフを長く充実したものにしてくれるはずです。

自分に「いいこと」を起こす〝仕事術〟⑩

「自分が本当にやりたい仕事」につくために

さあ、こい！ トラブル！

さあ、こい！ チャンス‼


あなたには「やりたい仕事」がありますか？

「今の仕事は、私が本当にやりたかったことではないんです」と相談されることがよくあります。

そんな時には、私自身の話をするようにしています。

私が35歳で就職活動をした時、連続で9社不合格。10社目でようやく合格したのが、対面営業の仕事でした。それまでは小学校の教師や税理士事務所、証券ファイナンス会社の事務の経験しかありません。不安でいっぱいでした。

けれども、どうしても仕事がしたかったのですから、逃げ道はありません。その道を歩くしかなかったのです。

でも、一生懸命取り組んだことで、「営業が私の天職！」と思えるほどの結果を出せました。それまでは自分が営業に向いているなんて思ってみたこともなかったのにです。

営業の仕事についてはじめて、自分を活かせる道を見つけることができました。

まずは〝どっぷり経験してみること〟です。

ちょっと腰掛けたくらいでは、その仕事の本当のおもしろさはわからないものです。「違う会社に行ったら、私の望んでいる世界があるはず」と職を転々としても、仕事に対しての取り組みが甘いと、最終的には何も手に入れられません。

また本当にやりたい仕事をするためには、修行を積まなければいけない時期もあると知っておくことも大切です。アスリートとして立派になるためには、腹筋や腕立て伏せなどで基礎体力をつくらなければならないように。

その上で「どうすれば、チャンスに巡り合える？」「チャンスがきたら確実に手にするにはどうすればいい？」と考えながら進むことです。

自分に「いいこと」を起こす〝仕事術〟⑪

転職のベストタイミングは、今の会社で最高の結果を出している時

あなたがもし上司だったら、あなたは〝すぐ辞められては困る社員〟ですか？

もしもあなたが今、「転職したいな」と思っているなら、自分にこう問いかけてみてください。

「今、私が辞めるといったら、社長（あるいは上司）は心から〝あなたに辞められたら困る〟と思ってくれるだろうか？」と。

社長や上司になりきって想像してみましょう。もし、そう思ってもらえると感じるなら、ぜひ次のステージに挑戦してみてください。そんなあなたなら、きっとどこへ行っても成功できるはず。

でも、もし「どうぞ、どうぞ、お辞めください」なんて言われそう……と思ったな

ら、最低でも3カ月は今の職場にいましょう。その間に、どんなことでもいいのです。「○○さんに辞められたらあの仕事はどうなるの」と言われることをつくるのです。

転職するベストタイミングは、最高の結果を出している絶好調の時。

私が前の会社を辞めて独立したのは、役員昇進の話が出た時です。営業成績でも自分で立てた目標を次々とクリアして、達成感も十分でした。いい辞め方だったからこそ、前の会社の社長は、今でも私を応援してくれています。

辞めたいな、と感じたら、まずは自分が今やれる最大限のことをやって、惜しまれて辞める環境をつくりましょう。

今いる場所で結果を出せればそれが自信につながり、転職活動でもはずみがつきます。

私自身の経験から言っても、困難に立ち向かわず逃げると必ず後悔します。逃げてしまった自分のふがいなさをずっと忘れられないのです。そして目の前の壁から逃げたつもりでも、後になって実は壁は右にも左にもあることに気づく。

壁を感じたら勇気をもって、自分でぶちやぶったり、乗り越えないと、結局次に進んでいけないのです。大丈夫、あなたにはその力が絶対あります。

自分に「いいこと」を起こす〝仕事術〟⑫

上司から応援される人・部下から慕われる人

努力は自分。
評価は他人。

私が育った関西では、「値打ちのないやっちゃなあ」「そんなん言うたら値打ち落ちるでえ」という表現があります。

「値打ち」、標準語でいうと「価値」というような言葉でしょうか。

人の「値打ち」が問われる時、というのは平穏無事な時ではありません。突然訪れるいざという時に、どんな言動をとる人なのかが、人の価値を左右します。

たとえば、クレームを抱えたお客様が会社に怒鳴り込んできた。

いつもは偉そうな態度なのに「だれか対応してこい」と、奥に隠れたままの先輩。

普段は目立たないのに、前に立って冷静に対応する人。こうした非常時にどう行動するかによって、値打ちを下げる人、上げる人の明暗がわかれるのです。

いつも人生の先輩から言われていました。「人を見る目、物事の本質を見極める目を持て！」。話す内容ではなく、行動にその人の本質がでるのです。

自分についても同じです。自分がとった行動を、他人は冷静に見ています。逃げても、逃げなくても、後になって自分の行動を正当化しようと、多くを語ってはいけません。

それで得をすることは何ひとつありません。話に尾ひれがつき、とんでもない方向にいく事があります。このことは、自分自身の経験・体験で学びました。

ですから「自分の行動を誤解された」と怒っている人を見ると、つい昔の自分を思い出して注意してあげたくなるのです。

「事実はひとつでも、解釈はさまざま」と。

自分がしたことに対する評価は、相手がするもの。それを甘んじて受けるしかないのです。自分の「値打ち」は、自分の行動を見た相手が決めるものなのです。

自分に「いいこと」を起こす〝仕事術〟⑬

「妥協」ではなく「譲歩」を!

不思議なぐらい
〝状況〟がよくなる!
ワンランク上の仕事術

私は「妥協」という言葉が好きではありません。

今までを振り返ってみると、周囲から何を言われても、「自分は絶対にあきらめないでやる!」と決めたものは、結果的にうまくいきました。一方、妥協して、いい結果になったものはひとつもありませんでした。

妥協して決めたことは、自分で選択したにもかかわらず、ついつい他人のせい、環境のせいにしてしまいます。「あの人がこう言ったから」「お金がなかったから」……。

いろいろな経験を経て、自分ひとりで決められることに関しては、絶対妥協しないと心に決めています。

けれど、これは相手がいる場合には勝手が違います。

仕事をしていると、人と意見がぶつかることはよくあることです。一生懸命仕事をしている人ほど「妥協したくない」と思い、意見を主張し、その意見が通らないとガマンできなくなるものです。

このときの「妥協したくない」という裏側には、その人の意地があることが多いようです。

人は「負けたくない」とか「バカにされたくない」と思っていると、絶対引かないものです。つまり無意識に相手と自分を比べて、張り合っているのです。

お互いに引くに引けなくなって行きづまってしまった時、一度冷静になって、心の中で「妥協」を「譲歩」という言葉に変換してみませんか？

「絶対妥協しない」ではなく「今回は譲歩してみよう」と思えた時、違うやり方も許せるようになった時、心がスーッとラクになるのを感じるはずです。

物事や人に対する執着を手離した瞬間に、身も心も不思議なくらい自由になれます。

もちろん何が何でも譲れない、譲ってはいけないこともあるのですが、世の中は譲歩していいことも多いものです。

自分に「いいこと」を起こす〝仕事術〟⑭

〝もっとも輝いている人〟は、〝もっとも人を輝かせている人〟

ギブ・アンド・ギブ
ギブギブ……
くらいの気持ちで

何か頼み事をした時に、「あなたのためならよろこんで！」と言ってもらえるとうれしいものです。

そういってもらえるかどうかは、頼み方よりも、あなたが普段どれだけたくさん「ギブ」をしているかで決まります。

ギブ・アンド・テイクという言葉がありますが、見返り（テイク）を求めずに提供（ギブ）することができれば、いざという時に必ずだれかが手を差しのべてくれるものなのです。

私の知っている素敵な女性というのは、この「ギブ・アンド・ギブの精神」をみんなもっている人です。

日常的に、相手のよろこぶことを先回りしてさりげなくすることができていれば、相手はあなたに感謝を感じているはずです。ちょっとくらい無理しても必ず助けてくれるものです。

日常で何を言っているかよりも、日常どういう行動・行為をとっているか。思いやりをいかに形に表わしているか、なのです。

あなた自身が「この人に頼まれたら、断れないな。よろこんで手伝うわ」という人を思い浮かべてみるとわかるでしょう。きっとあなたが困った時はもちろん、いつもさり気なく手を差しのべてくれている人のはずです。

また、情報やお金、学び、幸せといったことも同じです。与えることを惜しまずドンドン分け合う心や姿勢をもちましょう。

ひとり占めせずに〝いいこと〟のおすそ分けをすることで、〝いいこと〟は必ず10倍にも20倍にもなって返ってきます。

結局は自分の大切な〝財産〟となるはずです。

自分に「いいこと」を起こす〝仕事術〟⑮

プロだと思えば、心から「のに…」が消える

不平・不満は今すぐ封印

仕事である役割を担《にな》い、それでお給料をもらっているならば、あなたはプロです。

それは営業であっても、総務であっても、受付だって同じです。

プロとアマチュアの違いは何だと思いますか？

アマチュアならば「頑張ったね」「一生懸命やったね」とプロセスを誉められますが、プロの世界は結果が求められます。

たとえばプロのスポーツ選手たちは、どんなに練習を熱心にしているか、ということよりも、どれだけ勝てるか、によって契約金が決まってしまいます。結果が全て。

プロの世界は厳しいですね。

でも、自分はプロだと思えば「頑張っているのに」とか「一生懸命やっているのに」という不平・不満を言わないでもすむかもしれません。

頑張っていること、一生懸命やっていることは、素晴らしいことです。

けれどもプロならばいわば当たり前。大きな声で主張することではありません。

どんなにいいことをしていても、言葉に「のに」がつくと、不平・不満になります。

自分の努力は自分で認めてあげればいいのです。

「なかなか頑張っているね、すごいすごい」

「一生懸命やっているね」

オリンピックを見ていると、人生のほとんどを練習に費やしてきた選手たちが競争しています。だれもが努力をしてきた上で、たった一試合で結果を評価される。

彼らはアマチュアのアスリートだというのに。

日々、真剣に練習に向かっているアスリートたちから学ぶことはたくさんあります。

コラム

“いいエネルギー”がみるみる充満する「名言集」①

仕事の95％は繰り返しのルーティンワーク。
でも、残りの5％をどう膨《ふく》らませるかで
仕事を面白くできるかどうかが決まる

松永真理（i モードの生みの親）

これがあなたの人生だ。リハーサルではない

ジム・ドノヴァン（作家）

人生において、わたしは1日たりとも労働などしたことがない。
なにをしても、楽しくてしかたなかったのだから

トーマス・エジソン（発明家）

Part 2

好かれる女性は「話し方」にたくさんの工夫がある

──「話し方」を変えると〝いいことばかり〟起きる

言葉は、「翼」です。

この〝翼〟を使えば、あなたは望むところに飛んでいけます。会いたい人に会えます。仕事のチャンスも手に入ります。夢を現実に変えることだってできるのです。

けれど、正しい使い方を知らないと、他人や自分を傷つける危険な凶器にも……。

この章では、上手な「話し方」や「聴き方」のコツ、考え方を紹介。あなたがより魅力的な世界へ大きく羽ばたいていく助けになるはずです。

自分に「いいこと」を起こす〝話し方〟①

あなたは「話し方」で大きな損をしてませんか？

「話し方」は人を判断する強力な〝リトマス試験紙〟

話し方や言葉づかいは、その人の品格、知力、知性を顕著に表わします。

仕事の場で、〝なれあい言葉〟を使ったり、語尾を伸ばしている人は軽薄《けいはく》に映りますし、その人だけでなく、会社全体や上司にも問題があるように見えてしまいます。

また、「私が以前から申し上げていましたように」と高飛車《たかびしゃ》にトゲトゲしく言う人は、自分の頭のよさを鼻にかけている、嫌な感じを与えます。

逆に言うと、滑舌《かつぜつ》よく、きれいな言葉づかいができれば、知的で品格があるように見えるというのも事実です。

私の会社のスタッフで、最近話し方がとてもよくなった女性がいます。自分の声をテープで聴いてみて、「私ってこんなにゆっくり話していたの？」と驚いて、直すようにしたそうです。テンポよく話していないから、頼りなく自信なさげに聞こえるのです。

話し方で自分はどうも損をしているというように感じる人は、一度ご自分の声を録音して聴いてみるといいでしょう。声の大きさ、高さ、テンポ、語尾のメリハリ、滑舌など改善したほうがいいところをチェックして、話し直しては聴き直す。プロのアスリートも、自分の試合やフォームを何度も見てチェックするそうです。そうやって、日々成長しようとする人が上手になれるということでしょう。

こうしたほんの少しの努力で、あなたも必ず自分の話し方に自信が持てるようになります。人と話すこと、コミュニケーションをとることで、あなたの生活はどんどん豊かになっていくはずです。

人は居心地がよい相手と一緒にいたいものです。できるだけ自分に合う人を選びたい。その時に話し方は〝リトマス試験紙〟のようなもの。品格ある話し方ができれば、品格ある人と出会い仲間になれる可能性が増えるのです。

まず、あなたも一度自分の声をテープで聴いてみてはいかがでしょう。

自分に「いいこと」を起こす〃話し方〃②

できる女性の秘訣は「丸い声」

声を磨くと、
人生が変わる!?

表情が豊かな女性がとても魅力的に映るように、声の表情が豊かな人の話は、それだけで非常に魅力的です。

はつらつとした若さを感じさせる元気な声は、自分のところにまっすぐに飛び込んでくるような勢いを感じます。

こちらを包み込んでくれるような丸い声は、おだやかな空気を感じさせます。

高い声、低い声、丸い声、角張った声……声に表情をつけましょう。同じ声のままでは、あなたの豊かな感情が伝えられません。

重々しい話をする時には、グッと低めの声を出します。

楽しい話をしている時は、少し高めのはずんだ声にする。

何かを強く主張したい時、怒りを表わしたい時には、角張った歯切れのいい声を使います。

相手を説得する、諭《さと》すように話す時は、包み込むような「丸い声」です。

女性は感情的になるとピンピンとげのある声になりがちですが、とげを削りながら、なるべく丸い声を出していくのです。子どもに語りかけるようにやさしい、少しゆっくりしたテンポで。

丸い声は、お腹から出す声です。おへその下の「丹田《たんでん》」というところから声を出す。ちょっとあごは引き気味で、お腹に力を入れながら、体の真ん中から。真っすぐ相手に届くというよりも、放物線を描きながら相手の少し手前に落ちるイメージです。

慣れないうちは、手を置いてお腹を意識しながら声を出すことを心がけてください。

声は自分が想像している以上に、あなたの感情を相手に伝えます。

特に電話では、声だけが頼りですから、声の出し方は意識的に使い分ける。

いろいろな声が出せるようになると、あなたは今よりももっと魅力的になれるはずです。

自分に「いいこと」を起こす〝話し方〟③

〝思い〟に〝意志〟をのせる「超《スーパー》・説得術」

会話の〝リズム〟が決め手！

話し上手な女性は、話し方にさまざまな工夫をしているものです。その中でも特に効果的なのが「リズムをコントロールする」こと。

話には起承転結といったメリハリが大切ですが、内容だけでなくスピードにも変化をつけることで美しい流れが出てくるのです。

私も、話しはじめや、「ここはしっかり聴いてほしいな」と思う時は、あえていつもよりゆっくり話します。そして聴き手がリズムに乗ってきたなと思った時、あるいは話が佳境に入ってきた時に、そこでスピードをアップするのです。

おもしろいことに、私がニコニコしながら話せば、相手もニコニコ。こちらが真剣に話していると、相手も真剣に。こちら側が話のスピードをアップすると、聴く側の空気、テンションも上がってくる。すべて「鏡」なのです。

営業の時代からリズムやテンポは意識していました。のんびりと「いつでも検討してくださいねー」と言うと本当に「いつでも」になってしまうものです。テンポよく「いかがですか。今日、この場でお申し込みください」と思いを明確に伝え、テンポよく進めないと、相手はサインをしてくれません。

自分の思いを伝え、お客様のメリットを伝え、お客様に「なるほど、それならやってもいいかな」と感じてもらうまでは、頭で理解していただくためにゆっくりとしたアプローチでも大丈夫です。

けれども最終的に「今やろう！」と思っていただくには、一気に情報量とスピードを上げて、相手の感情に強く訴えることが大切です。

これは営業だけでなく、社内のプレゼンでも、プライベートでだれかを説得する時でも同じです。

会話のリズムをコントロールすることで、あなたの思いをより伝えることができるのです。ぜひ〝思い〟に〝意志〟をのせて伝えてください。

自分に「いいこと」を起こす〝話し方〟④

だれでも簡単に「話す力」が10倍になるコツ

いつものオフィスは最良の「修行の場」!?

要点をまとめてスラスラ話ができる女性。〝知性的な魅力〟をすごく感じさせます。大切な会議の場で発言したり、大勢の前でプレゼンしたりすることが苦手だという人はとても多いようです。

でも、いきなり流暢《りゅうちょう》に話したり、大勢の前でスピーチしたりするのはだれにとってもむずかしいもの。日頃から練習しておくことが必要なのです。

あなたの「話す力」を早く、かつ効果的に磨くために、「口頭報告」を活用してみてはいかがでしょう。

練習相手は、あなたの上司です。

メールのように書き直しができないので、言葉足らずで叱られたりするかもしれません。私も以前勤めていた会社で、上司に口頭報告するたびに、「あなたは何を言っているのか、サッパリわからない」と怒られたものです。

けれど、(あなたの言っていることのほうがもっとわからないよ!)と反発しながらも、めげずに繰り返すうちに、いつしか、わかりやすく、しかも臨場感溢れる報告ができるようになりました。営業先でも「朝倉さんの話はわかりやすいね」と誉められることが多くなっていったのもこの頃です。今思えば、営業トークの練習を上司への報告を通して毎日行なっていたからでしょう。

まめな口頭報告は、話し方の練習になるだけでなく、さまざまな利点があります。たとえば、話すことによってあなたの本気度や感情も伝えることができます。上司との関係もよくなります。

また、上司の知恵や知識も自分のものとして使えます。上司との会話のキャッチボールができることで、お客様とのコミュニケーションも上手になっていきます。

さまざまな指摘やつっこみをすべて切り返し、上司を短時間で納得させられるようになった時、ビックリするほどあなたの「話す力」は上がっているはずです。

自分に「いいこと」を起こす"話し方"⑤

「ありがとう」の伝え方もこんなにいろいろ!!

あなたもすぐ使える言葉の魔法

心からの「ありがとう」やよろこびを伝えたい時。

私は、まず、直接もしくは電話で「ありがとうございました」と伝えます。もっとも短い時間で相手に自分の思いを伝えるという点では、これに勝る方法はありません。

そして、次に具体的にどう感謝しているのか、どううれしかったのかをメールと手紙で伝えます。

よろこびを伝える手段は、このように口頭による手段もあれば、メールという非常にスピーディーな文書、手間と時間をかけた手書きの御礼状もあります。

このうちひとつはできても、2つ、3つをやれる人はほとんどいません。だからこそ、そこまでできる人は、相手の心を動かすことができるのです。

コミュニケーションというのは回数なのです。1回で終わらず、2回、3回とすれば間違いなく相手の中にあなたの印象が深く残ります。

特に便利な世の中になればなるほど、手書きの手紙の価値は上がっていきます。

「思いやりとは、相手のために時間を使うこと」と教えてくださった経営者の方がいます。まさしく手紙は、相手を思い、時間をかけて1文字1文字に気持ちを込めた〝思いやりのかたまり〟なのです。

また、同じ「ありがとう」でもご指摘を受けた時の「ありがとう」はまた違います。その指摘を素直に受け止めて、心から素直に「言いにくいことを言っていただいてありがとうございました」。

満面の笑みではなく、真剣な面持ちでいう「ありがとう」。

それには何よりも心持ちの素直さが大切だと思います。

上司やお客様の厳しい言葉は、実は「お叱り」という愛情です。どうでもいいと思っていたら言う必要がないことを、あえて叱ったり、アドバイスをしてくれた。それに対して心から「ありがとうございました」と言える自分でありたいものです。

自分に「いいこと」を起こす"話し方"⑥

愛される謝り方、好かれる叱り方

叱られて成長しよう！

人を的確に叱る、というのはなかなかむずかしいものです。私はよく「多くを語るは無能な上司、理由を語るは仲良しこよし」という言い方をしますが、相手に嫌われたくないからか、どうしても言い訳がましい説明がつきがちです。くどくどした叱り方は結局何を言いたいのか伝わらず、叱られているほうも混乱してしまいます。

もしもあなたが、後輩や部下を叱るとしたら、事実を遠まわしではなく率直に、ムダな言葉を入れずはっきりと伝えることが大切。そのときは、行なった事柄、振る舞いに対して間違っているところを指摘するのであって、人間性をバカにしたり、人格を否定したりしてはいけません。

たとえば私の会社で、ある人の文章について、他のスタッフに指摘させた時のこと。「同じことの繰り返しが多くてわかりにくい」「内容がテーマに沿っていない」これは端的にダメな部分を指摘しています。

けれどもあるスタッフは、「文章が小学生みたい」と言いました。具体的でない指摘は直しようがないので、相手を戸惑わせるだけ。しかも、これでは物事ではなく、相手の人間性を否定してしまっています。

一方、謝る時は、シンプルですが、素直に謝ることが一番大切。まず「申し訳ございません」と謝罪の言葉を口にしたうえで、同じ過ちはしないように気をつける。一度目は経験、二度目はバカ、三度目は……と厳しい言葉もあるくらいですから。

人はだれでもなかなか自分の非が認められないもの。何だかんだと屁理屈をつけて、自己弁護します。これでは、ずっと〝我流〟を押し通すことになりますから、己の狭い殻から抜け出せません。そこには進歩は何もなく、保身しかない結果になります。

自分がまだ完全な人間ではない、と謙虚な気持ちをもって、素直に人の言葉に耳を傾ける。そしていい点はどんどんとり入れていくところに成長があるのです。「素直で謙虚」。これをいつも心にとめておきましょう。

自分に「いいこと」を起こす〝話し方〟⑦

誉めるは〝事実〟、おだては〝脚色〟

まわりの人の
〝いいところ〟探し、
始めよう！

「誉め言葉」は、人間関係を円滑にする〝潤滑油〟。

また私たちは、誉められることで、自分の中にある〝魅力の種〟をぐんぐん伸ばしていくことができます。

けれど、効果的に誉めるというのは、なかなかむずかしいものです。いざ誉めようと思っても、タイミングがつかめなかったり、言葉が見つからなかったり、はたまたわざとらしく聞こえないかと躊躇《ちゅうちょ》してしまう。

まず覚えておいてほしいことは、「誉める」と「おだてる」は違うということ。

誉めるは〝事実〟、おだては〝脚色〟です。

「おだて」には「相手を気持ちよくさせることで自分がトクしよう」というしたたかさがあり、「誉める」のはただ相手のよいところを素直に口に出すだけです。

ですから過剰におだてると相手は嫌がるけれども、事実を素直に誉めると相手はよろこんでくれるのです。

たとえば、だれから見てもたいしたことでないのに、「すごいですね！　私にはできませんー！」というと「あなたバカにしてるの？」となる。無理をしてまで、脚色して伝える必要はないのです。

おだてが過ぎると「計算高い」とか「何かわざとらしい」と言われてしまいがち。

自分の「本心」を言えばいいのです。

実は、「誉め上手」は、語彙《ごい》が豊富とか、口が達者というのではなく、相手を認め、相手のよさを発見する能力が高い人なのです。発見した相手のいいところを、素直に口に出す。それだけです。

誉め上手は愛され上手。あなたもまわりの人の〝いいところ探し〟を楽しみながら、どんどん口に出していきましょう。いつの間にかあなたを取り巻く環境が、あっと驚くほど変わっていることに気づくはずです。

自分に「いいこと」を起こす"話し方"⑧

「また会いたいな」と思われる人の言葉の共通点

"クッション言葉"をいい位置に置けるのが大人の女性

「感じがいいな」と私が思う人は表情にメリハリがあったり、喜怒哀楽の表現がうまい人です。

なにも、よろこびや感謝の表情だけではありません。がっかりした顔や、頑張りますという決意の顔……。素直な表情は、人としてのかわいらしさに通じます。

一方、よろこんでいるのか、怒っているのか、まったく能面のように感情を表わさない人を相手にすると、正直言って戸惑ってしまいます。

それがわかっていても、自分の感情を表情や言葉に出すことを躊躇する人もいるようです。これを言ったら失礼なんじゃないか、これを言ったら気分を悪くされるんじゃないか、嫌われてしまうのではと判断して表現しない。自分の感情を伝えなれていない人は、誉め言葉でさえ「こんなこと言ってしらじらしく聞こえないかなぁ」と悩んでしまうようです。

そうであれば、そのままそれを言ってはどうでしょう。

「これを言ったら失礼なのでは、と思いましたが、正直に感じていることをお話ししてもよろしいですか」

「お気を悪くされるかもしれませんが、率直にお話ししてもよろしいでしょうか」

「正直に今感じていることをお話ししてもよろしいでしょうか」……

と〝クッション言葉〞を置いてみましょう。これならば、相手の気分を害することを心配しないで、自分の感じていることを正直に言えるのではないでしょうか。

「これから直球を投げます。そのスピードに驚かないでくださいね」と、相手に構えさせてから直球を投げる。

このほうが〝言葉のキャッチボール〞はスムーズにいきます。

深い人間関係がつくれて、安心して「あ・うん」の呼吸ができたらクッション言葉を少しずつ抜いていけばいいのです。

自分に「いいこと」を起こす〝話し方〟⑨

本音でぶつかる時、本音を隠して、笑う余裕を見せたい時

「あの人はスゴイ！」
そう言われる努力を
黙って《・・・》しよう

「遠慮と貧乏はするな」。私が常々、会社で言っていることなのですが、それでも仕事の場で〝言ってはいけない言葉〟、〝そぐわない言葉〟というものがあります。

会議の場で、ある時、スタッフのひとりがこう言いました。

「その出張は私も行きます。休日返上して行きます」「……」。一瞬ですが、「休日返上」の言葉に、その場の空気が止まるような感じになりました。

他のメンバーも条件は一緒です。それをワザワザ休日返上、なんて恩に着せるような言い方をしてしまうと、まわりの人の気分もよくないものです。

「こんなに私は頑張っています！」と伝えたい気持ちはわかります。けれどもみんな

頑張っているのです。

自分が頑張っていることを感情的に伝えてしまうと、相手には不満に聞こえます。「頑張っているのに！」というのは、不満や不平の言葉として伝わるのです。

たとえ、本当に一生懸命にやっていたとしても、そのひと言でそれはまったく価値がないものになってしまう。それはとてももったいないことです。

相手のためになることは本音でぶつかっても、自分のことを語る時には本音を隠して笑う余裕も見せる。

謙虚さが美徳とされる日本では、この両方を覚えておかないといけません。

どんな体調や精神状態でも、どんな場面でも冷静に〝自分の出し方〟を判断するというのは簡単なことではありません。私もたくさんの失敗をしながら、学んできました。

一生懸命なあなたの姿は、必ずだれかが見てくれていることを信じましょう。

少なくともあなたが陰ながら行なっている努力は、あなたの品格づくりに役だっています。努力は何らかの形で、必ず報われることを信じましょう。

自分に「いいこと」を起こす〝話し方〟⑩

エレベーターやレストランで会社の不満を言わない

壁に耳アリ、〝ネット〟に目アリ

〝口は災いのもと〟というように、余計なひと言や考えなしの発言で今まで築いてきたすべてを一瞬で失うということはよくあります。

みなさんも仕事中は、うっかり相手を怒らせないよう、傷つけないよう、不用意な発言はしないように心がけていることでしょう。

けれど、職場を少し離れるとついつい気がゆるんでしまうものです。

たとえばランチ時、レストランで仲よしの同僚と上司の悪口を言ってませんか？

あるいは、他の会社や部署の人がいるエレベーターの中で、仕事の話をしていませんか？

電車の中や居酒屋などで社名や実名をあげながら、とても具体的に内情を話し合っている人たちを見かけます。

就職の面接に行った会社のトイレで、学生同士で今日の面接の感想を言い合っていたところを人事の人にたまたま目撃されていた、という話も聞いたことがあります。

どこにだれがいるのか、わからないもの。

またタクシーの中でなら大丈夫だろうと、いろいろなことを話す人がいますが、運転手さんの存在を忘れてはいけません。中には世間話としてその話を他のお客様にする運転手さんだっていないとも限りません。

またプライベートのブログなどでも、会社の内情を暴露するようなことを書かないことです。読む人が読めばわかる、という状態は危険です。

仕事をしている限り、どんな職業でも守秘義務はあります。

どうしても話さなくてはいけない時は社名を出さずに言う、できるだけ言葉・表現を選びながら話すのが、大人の常識のひとつです。

自分に「いいこと」を起こす〝話し方〟⑪

「一緒に働きたい！」女性の〝素敵〟の秘密

「心の声」はこうして伝える

お客様や上司に理不尽なことを言われる。でも、ニッコリ笑って受け流す。心の中では「仕事だからしょうがない」と怒りを抑える呪文を繰り返しながら……。働いていると、いろいろ腹のたつこと、納得のいかないことが毎日のようにあなたを襲うものです。けれど、ビジネスでは怒りの感情を出してはいけない、というのはホントでしょうか？

私は遠い昔、ある人に真剣に抗議したことがあります。

「おたくのお母さんはさぁ」と言われたことに対して「私に対しては何を言ってもいいですが、母に対しては困ります」と反論したのです。あまりに理不尽なことを言われた時。あるいは侮辱《ぶじょく》された時。闘わなければいけないこともあるのです。

もちろんむやみにけんか腰になってはいけませんから、いい回し、言葉づかいには十分に気をつけます。

「率直なことを言ってもいいですか。今の言葉はすごく人を傷つける言葉です」「そんな言葉をいただくなんて、正直ショックです」と怒りや悲しみを表現していいと思うのです。

けれども「感情を伝えてもいいですよ」というと、「この仕事はめんどくさい」とか「あなたが嫌い」「早く帰りたい」という不平・不満の部類まで伝えていい、と誤解する人がいます。伝えてもいいのは、真剣に仕事に取り組んだ結果として生まれてきた感情です。その感情は消そうとしなくてもいいのです。

真剣だからこそ、自分の感情が動く。それが伝わると、相手の感情が動くのです。「自分の気持ちを言ったら嫌われるんじゃないか、言ったらイヤな顔をされるんじゃないか」と思うかもしれません。

この恐れが消せるときっと、お客様や同僚ともう一歩仲よくなれます。

「甘いよ!」「熱意が感じられるね!」報告の仕方だけで評価に大差が!

「事実の報告」「心の報告」区別してますか?

上司に報告する際も、自分の感情を伝えることは大切なことです。

けれども上司が何よりまず聞きたいのは、結論や事実。

最初に事実から報告しましょう。

上司の意に反して、気持ちを先に言おうとするから、上司から「お前の話は、わけがわからない」と言われてしまうのです。

あるいは気持ちと事実をゴチャゴチャにして言うから、報告が長くなるのです。

〝事実の報告〟と〝心の報告〟を分ければいいのです。

事実を正確にわかりやすく話した後に、

「もう少し聴いていただいてよろしいですか？」

「私が感じたことをお話ししていいですか？」

と前置きをして、あなたの思いや感情を伝えるのです。

「すごく悔しかったです。実はこんなことがあって……」

「これがうまくいった時には、本当に今までの苦労が報われた気がしました」

そうすると、あなたの気持ちに、上司も真剣に耳を傾けてくれアドバイスしてくれるはず。

女性同士であれば、事実と感情を一緒に伝えたとしても、相手には伝わります。

しかし男性の脳は、事実を処理する部分と、感情に共感する部分が違います。だから一緒に伝えると、相手に伝わりにくいのですが、ちゃんと話を分けさえすれば、あなたに共感してくれるようになるのです。

これはプライベートでも使えるコミュニケーションのコツです。

口にするだけで人の心を明るくする呪文

大丈夫、
あなたは絶対
うまくいく人だよ！

　もしも、あなたが今なんらかの悩みを抱えているとしたら、その課題を直接解決しようとするよりも、あなたの「心の口グセ」をまずチェックしてみるといいかもしれません。〝体質改善〟という言葉があるように、〝心質改善〟をするのが一番の近道です。

「できない」「やれない」「しんどい」「つらい」「苦しい」「重い」「行きたくない」。人は放っておくとマイナス言葉を出してしまいがちな動物です。心質改善するのに一番適しているのは、口グセを直すことです。

「私ならできる」「大丈夫」「きっとうまくいく」「ついている」「ラッキー」。自分を励ます言葉を口に出しているうちに、心も次第にポジティブになっていきます。

私はさまざまな相談を受けることがありますが、「どうして、そういう気持ちになったの？」「なんでそういうことになったの？」とは聞きません。その苦しさを語らせれば余計に心が暗くなるだけです。

「あなたはどうしたいの？」「そこで何を気づいたの？」「どうすればもっとよくなると思うの？」。こういうプラスで答えられる質問を投げかけるようにしています。そうやって問われるうちに、その人が自分でも漠然としか描けていなかった夢を口にしていることがあります。

自分でも「どうして私はこうなんだろう」ではなく「私はどんな風になりたいんだろう」と問いかけていくといいのです。

最初は意識していても、マイナス言葉が出てしまうことがあります。そんな時にも「私はダメだなぁ、やっぱりマイナス思考なんだ」なんて思わずに「できないとつい口にだしてしまったけど、取り消し。これからはきっとうまくいく」と言い直してみましょう。まずはそんなところから心質改善、スタートです。

コラム

〝いいエネルギー〟がみるみる充満する「名言集」②

みっともないことは、しない。
言わない。
聞かない。
それが乙女です

美輪明宏（歌手）

勉強こそが、
男女や境遇、体格などを問わずに得られる武器です。
キャリアアップと幸福のための武器です

勝間和代（経済評論家）

仕事は高貴なる心の栄養である

セネカ（思想家）

Part 3

“見た目”も“中身”もいつでも勝負できる女性になるために

——品格のある女性はここに気をくばっている

私のことは私が一番よく知っている。ホントでしょうか？

自分の〝素晴らしい魅力〟に気づかず、「私なんて……」と嘆いている女性も少なくありません。

あなたの〝魅力の種〟は、あなた自身に気づいてもらえるのを待っています。ちょっと気をつかい、ちょっと刺激を与えてあげれば、必ず芽を出し、花を咲かせます。

この章では、あなたの魅力を開花させるお手伝いをします。

ほら、あなたの魅力がよりいっそう輝きだすのは、もうすぐです。

自分に「いいこと」を起こす〝魅力の磨き方〟①

「自分を変えたい！」は〝もっと素敵な私〟の第一歩《はじまり》

ハッと気づいた時、
まずは一歩
動き出してみる

人には、あなたの心の中までは見えません。だからあなたという人を、外見や行動から判断するしかないのです。

ですから、もしもあなたが〝今の自分を変えたい〟と思っているならば、外見や行動を変えることから始めればいいのです。

元気な人になりたければ、元気に振る舞えばいい。たとえ疲れていても、悲しくても、笑っていればいい。それが「元気な人」の「型」です。

まずは「型」から入るのです。自分の心に嘘をつきたくないとか、変な抵抗をもたずにやってみてはどうでしょう。

華道でも、茶道でも、最初は「型」を覚えることから始まります。

まったく心を込めて活けていなくても、「型」を覚えた人が活けた花は美しい。反対に、ものすごく心を込めて時間をかけても、華道の基本を知らない人が活けた花は、なかなかよさをわかってもらえないものです。

だからこそ、わかってもらえない、伝わらないと嘆く前に、伝わりやすい「基本の型」を覚えることが大切なのです。その後、少しずつあなたにしっくりするスタイルに変えていけばいいのです。

行動が変われば、まわりの人のあなたを見る目が変わります。

それが自信につながっていきます。

「今日1日で、5人の人に自分から話しかけてみよう」

「自分から率先して笑顔であいさつしてみよう」

そんな1日1個の小さな取り組みを、毎日重ねていくことから始めましょう。

ある日、人から「素敵になったね」とか「キレイになったね」と言われるようになっていく。もっともっと自分が好きになれるはずです。

自分に「いいこと」を起こす〝魅力の磨き方〟②

最高の接待は、「言葉のおもてなし」と「空気のおもてなし」

〝感動〟と〝満足感〟をお土産に！

たとえば、大切なお客様を食事にお招きした時、料理がとびきりおいしいとか、手土産《みやげ》が豪華とか、そういう〝物のおもてなし〟は、ちょっと意識すればだれでもできるものです。

でもそれだけでなく、「ええっ！　もうこんな時間？」と時がたつのを忘れるくらい心地よい空間をつくることができてはじめて、〝真のおもてなし〟と言えるのではないかと思います。料理もだれと食べるかによって味が変わるものです。

ハッとするような派手な演出なども素敵なことですが、「言葉のおもてなし」「会話のおもてなし」「空気のおもてなし」……人に対する〝おもてなしの心〟をいかに表現するかが大切なのです。

それには、気配り、目配り、心配りができないとむずかしいでしょう。たとえば話の内容によって空間を選ぶ。話している時にも、雑談では上手に崩し、真剣な話になるとパッと表情も言葉づかいも変える。ダラダラと長時間相手を拘束するのではなく約束の時間でサッと切り上げる……。メリハリや、けじめもおもてなしだと思います。

もちろんこうした〝心のおもてなし〟は、一朝一夕にできるものではありません。

私には到底ムリという人もあきらめないでください。まずは人マネからでいいのです。心地よい話し方とはどんな話し方なのか。「感じがいいな」と思うような雰囲気はどういうものなのか。身近にそういうことを身につけている人がいたら、その人のことを徹底的に観察してみましょう。

いったんこういう人になりたいと決めたら、カーナビで目的地に向かって走るように、どういう紆余曲折《うよきょくせつ》があったとしても、近づいていけるのです。

もし身近にそういう人がいなかったとしたら、本からでも学べるでしょうし、テレビやラジオでもいいでしょう。努力しようと思ったら、方法はいくらでもあります。

気づいた瞬間、そこからがスタートです。

「きれいな姿勢」はどんな高級服よりあなたを美しく見せる

仕草を鍛えよう！
キレイがおまけでついてくる

「女性に生まれたからには、美しく」——私はそうありたい、またそうあるべきだと思っています。

それは、顔の造作のことではありません。所作、たたずまい、立ち居振る舞い、そういった「魅せる力」をいかに磨いていくかということ。

「きれいな姿勢」を心がけるのは、そのための最短距離といってもいいでしょう。

「きれいな姿勢」は、その人をキラめかせるだけでなく、その人の生き方そのもので輝いているようにみせてくれます。

人は無意識のうちに「誠実そう」「頼りになりそう」などと相手の外見から判断し

ています。背筋をまっすぐにして堂々とした歩き方をしている人は、堂々とした生き方をしているように見えます。たとえ心の中では自信がなくても、自信があるように相手には映るのです。

だからこそ、姿勢から先に「堂々とした輝く自分」に変身しましょう。

つらい時、苦しい時こそ、胸を張ってきれいな姿勢で立ちましょう。背中を丸めていては、全身から「つらいんです。苦しいんです。貧乏なんです」と発信しているようなものです。そんな人のところには、運もお金も人も寄ってきません。

姿勢を変えれば、運気が変わります。人生が変わります。

最近うれしかった言葉があります。

「朝倉さんは姿勢がいいから人混みの中でも探せます。そして、凛《りん》として、その辺りの空気まできれいに変えているように見えます。まるで、空気清浄機みたいですね」

私にもつらくて、苦しいと感じる時ももちろんあります。でも、そんな時にはあえて胸を張り、顔を上げて歩くようにしています。これまでもそうしてきましたので、習慣になり、今は心が自然に姿勢についてくるようになってきました。

高級服を身にまとう前から、高級服が似合う姿勢で歩いてみましょう。

自分に「いいこと」を起こす〝魅力の磨き方〟④

エレガントの究極は、軸がぶれない〝姿勢〟と足下がしっかりした〝所作〟

「私は女優よ！」くらいの
思い込みで
ちょうどいいかも

よい姿勢のポイントは腰骨《こしぼね》です。

「腰」という漢字は、月へんに「要《かなめ》」と書きます。本気で物事に取り組むことを「腰を入れる」と表わしたり、途中でやめてしまうことを「腰が折れる」と例えます。腰は、骨格の要であり、人の中心にあるものなのです。

よい姿勢をとる際には、まずはしっかりと腰骨を立てることを意識し、その上にまっすぐに背骨をのせることをイメージしてください。この軸がしっかりしていると、どんな姿勢でもフラフラして見えません。

歩く時は軸をまっすぐに保ったまま、腰から前に出していくイメージをもつと、きれいな所作に見えます。

イスに座る時は、浅く座ることをおススメします。実は、この「イスに浅く座る」というのが、もたつかず、よりエレガントに〝魅せる〟ための秘訣。

ドカッと深く腰かけてしまうと、背中から太ももの裏辺りまでイスと密着してしまいます。そうすると、自然と身体や脚の自由がきかなくなり、姿勢を変えたい時、立ち上がる時、どうしてももたついてしまうのです。また、背中も丸まりやすいので、見た目もスマートではありません。

座面の3分の2、もしくは3分の1に腰かけると、姿勢もよくなります。立ち上がる時もスッと立ち上がれます。

さらに、足先を斜め前方に流すと、脚をより長く、美しく魅せる効果があります。

エレガントに「魅せる」動作は、「女性らしさ」を演出します。もたつかないスピーディーな所作は、動作にキレを感じさせます。洗練された身のこなしは「自分」という価値をグッと引き上げます。

エレガントでありながら、キレのある動作ができる女性は、ビジネスの場面では好ましく感じられるのです。

自分に「いいこと」を起こす〝魅力の磨き方〟⑤

駅で、街中で、会社で……
この「ちょっとした素敵な気づかい」

幸福は伝染するんです！

だれかに誉められたり、認められたりするためでなく、単に自分の良心に従って行動する。まわりがよろこぶだろうなと思うことをさりげなくする。そういう女性は、とても魅力的です。

たとえばエレベーター。さっと先に入りボタンの前に立ち「開」を押す。降りる時は「お先にどうぞ」とひと声かけて、自分は最後に降りる。

電車の中で、空き缶がコロコロと自分の足元に転がってくれば、まずは足元に立てておき、駅で降りる時に一緒にもって降りる。

新聞が座席にグチャグチャになって放置されていたら、サッとたたんで棚の上に置いたり、駅で捨てたりする。

「よいことをしよう！」なんていう強いスローガンは必要ありません。さりげなく、お互いが気持ちのよい範囲で数秒だけ気を配る。

どんなに急いで時間のゆとりがなくても、ほんの数秒ならば他の人のために使えるはずです。ただ心の余裕がないと、使えない数秒です。

またタイミングが大切なので、「気持ち」だけでなく、サッと動ける行動力や、まわりが何を望んでいるのか察する機転なども必要とされます。

時、場所、人を選ぶことのないさり気ない気づかいは、簡単そうに見えて実はむずかしいものです。

だからそんな気づかいができる人であれば、きっと仕事もできるはずと、仕事ができる上司ほど考えます。そして信頼していい人だと感じているはずです。

そうした気づかいをすることで、見知らぬ人と小さな心のキャッチボールができることがあります。会釈《えしやく》や笑顔の「ありがとう」がもらえます。

こうして数多くの「ありがとう」をもらっている人が、人として一番豊かなのではないかと思うのです。

自分に「いいこと」を起こす〝魅力の磨き方〟⑥

おしゃれは〝自分のため〟、そして〝一緒にいる人のため〟

「キレイでいること」も〝思いやり〟のひとつです

オシャレはだれのため？

たったひとりで行動するならば、自分のため。けれども仕事だけではなく、だれかと一緒にいる時には、そばにいる人のため、という視点も忘れてはいけません。

一緒にいる人がどんな人なのかが、その人の「格」を決めることがあります。

素敵な女性と一緒にいると男性は、それだけで格が上がったりします。

同行する上司や、友だちや、恋人に恥ずかしい思いをさせないことも大切な思いやりのひとつです。同行する相手を誇らしい気持ちにさせられるオシャレができると、大切な人に引き合わせてもらえるチャンスも手に入ります。

だからこそ、特にビジネスでは自分を魅せるだけではなく、相手やまわりを立てる（敬意を表する）ためのオシャレを心がけましょう。

男性の上司と同行する時は、ついカッチリとしたスーツを選んでしまいがちですが、そういう場でも女性らしい色あいのものにしたほうが、男性上司が引き立つかもしれません。

男性ばかりの会議などでも、同じようにグレーを着て同化してしまうよりも、華やかなスカーフなどをしてパッと明るくするほうがよろこばれることもあるものです。

私は休日はGパンなどのパンツを愛用していますが、ビジネスシーンにおいては、どんな場面でもスカートを着用します。

男性と同じ格好をして、「男らしく」男性社会に切り込んでいくのではなく、「女性らしさ」を演出することを心がけています。「女性らしく」するほうが自然なこととらえ、身のこなしにも言葉づかいにも意識をしています。

そして、できるだけオシャレに手を抜かないようにしたいものです。

ここぞ！　という時にはキレイにしても、そうじゃない日に手を抜くと、そんな日に限って本命の人と会う。そんなことってなぜかありがちなのです。

自分に「いいこと」を起こす〝魅力の磨き方〟⑦

ぜい肉のない身体には「きちんと生きている」という強いメッセージがある

デブは1日にしてならず。
ダイエットも
1日にしてならず。

ムダがないすっきりとした身体つきの女性が、スピーディーにはつらつと働いている。それだけでまわりの人にも心地よさを与えます。

反対に、ポッチャリした人はとても豊かで大らかな印象がありますが、ビジネスでは、〝自分に甘い人〟という厳しい目で見られることもあります。

以前、「デブは1日にしてならず」という川柳がありましたが、目に余るような太り過ぎは、自分に対する〝まっ、いいか〟の積み重ねであることが多いからでしょう。

ここで、特別なダイエットをしなくても、ムダなぜい肉が消える方法があります。

それは〝エレガントで仕事ができる女性のオーラ〟が出る方法でもあります。

大切なのは、〝いい緊張〟を保つこと。

たとえば、背筋を伸ばし、お腹を引っ込めてお尻に力を入れているだけでも、心と身体は、〝いい緊張〟を感じ、相当な筋肉とカロリーを使います。

凛《りん》とした姿勢でいる、キレのある所作をするというのは、負荷のかかることなのです。

緊張感なくボーッと立っているだけでは、どんなに美人でスタイルがよくても、どんな高級服を着ていても、エレガントで仕事ができる女性のオーラは出せません。

姿勢も習慣です。一度習慣としてしまえば、いつでも緊張感を保った姿勢でいられるようになります。

私が体型を維持するだけでなく、不規則な生活でも体調を崩さずにいられるのは、この緊張感のおかげかもしれません。

体調不良で倒れては、プロとして失格です。ダイエットをしてフラフラしてしまうよりも、よりよい緊張感をもってぜい肉のない心と身体を保ちましょう。

「場の空気を読める人」になる近道は？

他人の視線を正しく読む、これが大事

「場の空気を読む力」は、働く女性にとって特に重要な能力です。

まるで超能力のように、相手が望んでいることをピッタリのタイミングでできる女性もいれば、なぜかいつも相手を不機嫌にさせたり、場をしらけさせてしまう女性もいます。

もし、あなたが後者だとしても、「私は鈍いから」とさじを投げてはいけません。

今〝場の空気に敏感な女性〟であっても、最初からそうだったわけではないはずです。

この人は何を望んでいるのかを一生懸命読みとりながら、ときには失敗したり、怒られたりしながら〝感性〟を磨いてきたからなのです。

私は会社のスタッフに「お客様は怒らせてからが勝負」という話をよくします。怒らせてしまったあと、「しまった！ 今のひと言が多かったんだ」と気づくことができる。そこで勉強していくしかない。こうした感性は、磨かなければ輝かないし、衰えるのです。

「もっと気が利く女性になりたい」と思っているなら、まずは、「相手の目を見ること」から始めてみてはどうでしょう。悪気はないのに相手を怒らせてしまったり、場をしらけさせてしまったりする人は話をしている時に、耳だけで聞いて「相手の目」を見ていないことが多いのです。「目は心の窓」というように、目に一番表情が出るものです。ムカッとしたら必ず目に出ます。

また、話をしている時の相手の視線の動きや行き先もシグナルのひとつです。もしも時計を見たとしたら、時間を気にしている証拠。そろそろ切り上げ時なのかもしれません。

もちろん、いきなりスペシャリストにはなれません。でも、少なくとも昨日の自分よりは変化した自分が待っている。毎日たった1ミリでも、積み重ねていけば1年たてば、36・5センチにもなる。何も考えないでいる人とは、確実に違ってきます。

自分に「いいこと」を起こす"魅力の磨き方"⑨

「男性は人格、女性は品格を磨け」

お酒の席も、品位は忘れずに!

「男はな、やっぱり人格を磨いていかなあかん。けど女性は男とは違う。人格はもちろんやけど、なによりも品格を磨くことが大事や。荒っぽい言葉も、雑な態度も、男やったら許せる部分も、女性はそうはいかへん。違う目で見られる。下品に見られて得なことはひとつもない。品格を磨きや」私の父の言葉です。

もちろん女性も人格は大事です。けれど、女性は男性以上に品格を求められるもの。たとえば、男性と同じように「カンパーイ!」とコップを高々と上げて飲んでいる姿はあまりきれいなものではありません。飲み方のマナー、食べ方のマナー……男の人だったら豪快ですまされることが、女性の場合は「品がない」と言われてしまいます。

酔いつぶれている姿を見せるのも、決して美しくありません。プライベートならともかく、仕事上のおつき合いなら、お酒の席でも油断は禁物です。

たとえば大皿料理がきたら、率先して「お取りしましょうか」と言って取り分ける。途中、大皿に料理が少し残ったままなら、空いている小皿によそい直して大皿は下げてもらいましょう。

アルコールを飲めない人は、無理して飲むよりも、上手に断りたいもの。

「私はすごくお酒の席が大好きなのですが、アルコールはどうも体に合わないみたいです。でも、ウーロン茶で酔えますから。話や雰囲気に酔えるんです」

けれども乾杯だけはおつき合いするのもマナー。たいていビールはすぐにテーブルに運ばれます。ウーロン茶が届くまでみんなを待たせるくらいなら、格好だけでも乾杯してしまいましょう。他の人に早くビールを飲ませるのも、気づかいのひとつ。

こういう心づかいこそが品格です。外見の美しさは、生まれ持ったもの。けれども気づかいや美しい所作は自分の努力次第です。振る舞いやたたずまいから品格のある人だな、と思われる女性こそが、本当の意味で美しい人です。

自分に「いいこと」を起こす〝魅力の磨き方〟⑩

みんなの前で、〝変な顔〟見せられますか？

キュウクツな生き方に
サヨナラ！

私が主宰する「トップセールスレディ育成塾」では、必ず、みんなの前で口元を思いっきりとがらせたり、曲げたり、「思いっきり変な顔」をする訓練をします。なぜそんなことをさせるのですか？　と塾生にもいぶかしがられます。

ひとつの理由は「変な顔」の練習を通して、〝表情筋を鍛える〟こと。

愛される人、人から好感をもたれている人の共通点は、表情が非常に豊かなことなのです。

俳優養成学校などでも、顔のあらゆる筋肉を使って、喜怒哀楽を表現する練習をするといいます。日頃から表情筋を動かしていないと〝いい表情〟はできないのです。

そして、もうひとつの理由は「変な顔」で自分の殻を破るのです。

今までと違う自分を発見するには、過去にやったことのない、そしてあまりやりたくないと思っていることに挑戦するのが一番なのです。

普通の生活で、特別ひょうきんな表情をするようなことはほとんどありません。「変な顔」は手っ取り早い、〝非日常体験〟なのです。

だまされたと思って、まずは一度鏡の前で思いっきり「変な顔」をしてみてください。

自分でも想像もつかない「新しい自分」を、発見するかもしれません。型にはまらない自由でのびのびした発想が、生まれるかもしれません。

そしてだれか知っている人に披露してみてください。会社の宴会や飲み会などは、ちょうどいいタイミングです。ちょっと照れくさい、恥ずかしいことを堂々とやれる機会をあえて設定し、自己発見の場にしましょう。

それはまわりの人が、あなたの意外な一面を知る機会でもあります。

「私ってこんなこともできる！」という無限の可能性への大きな意味のある小さな一歩です。

自分に「いいこと」を起こす〝魅力の磨き方〟⑪

「忙しい」と「頑張ります」は今すぐ封印！

たとえば、朝30分早起きしてみる。それだけで、世界が変わります

「はじめは人が習慣をつくり、それからは習慣が人をつくる」（イギリスの詩人ジョン・ドライデンの言葉）

人は習慣の動物です。日々の積み重ねが人生。すなわち毎日何を繰り返し行なっているかで人生の質は決まってしまうのです。

私は昭和12年生まれの尊敬する大先輩からあるとき、「朝倉さん、〝頑張る！〟をやめてみたら？」とアドバイスされたことがきっかけで「頑張る！」という言葉を封印しました。〝言葉の習慣〟を変えることにしたのです。その当時よく使っていた「忙しい」という言葉といっしょに。

安易に使っていた「忙しい」「頑張る」という言葉をやめることにしたら、どんな言葉で言い換えればいいのかを考えるようになりました。

たとえば「忙しい」のかわりに「毎日充実しています」。「頑張ります」は「懸命に挑みます」。「頑張ってください」は「是非チャレンジしてください」……。

言い換えようとすると「忙しい」「頑張る」ことの意味を考えるようになります。

「忙しい」って言うと時間に振り回されている気がするけれども、充実しているということ。

「頑張ります」って、どんなふうに取り組むの？　言われたことをやるっていうこと？　新しいことに挑戦するっていうこと？

ほんの2語を封印しただけで、毎日過ごしている時間の意味をもっと前向きに考えられるようになりました。

どんなことでもいいのです。ぜひあなたも、あなたのできることから挑戦してみてください。

自分に「いいこと」を起こす〝魅力の磨き方〟⑫

「何をつかむか」と同じくらい大切なことは、手放すこと

扉を開けなければ、
その先は見えないよ

冒険とは、命を落とすような危険を冒すことではなく、自分のいるポジションから一歩前に踏み出す勇気です。

私たちは過去や今にしがみついたまま、未来を手に入れることはできません。

いつまでも別れた恋人を思っている人は、新しい恋愛はできません。今、持っているスキルに固執してしまっている人は、新しい仕事にチャレンジできません。

新しい何かを手に入れたいならば、新しい世界に行きたいのなら、今しがみついているものを捨てるしかありません。

どこに進むのかを決めるのと同じくらいに、自分の持っているものを手放す決断を

することが大切なのです。

せっかく築き上げたものや、守ってきたものを手放すのは勇気が必要です。今までの努力や苦労を考えれば、ずっと変わらずにいたいと思うでしょう。けれども何かを握り締めたまま、何かを摑もうとしても小さいものしか手に入れられないのです。

私も、八方美人でだれにでもいい顔をしていた時があります。どんな人との縁も手放したくないと必死でした。当時はメールの返信だけで半日が過ぎてしまったり、スケジュールも夜の飲み会や誘われたイベントでいっぱい。知らないうちに自分の時間がどんどんなくなっていくのです。

何かを捨てられずにいると、新しい自分をつくっていく時間がなくなります。

今はメールのお返事なども最低限失礼のない程度にし、飲み会やイベントも「どうしても行きたいもの、行かなくてはいけないもの」だけにしています。

それでも繋がっていた人とは、ちゃんと繋がっています。

新しい未来へ進むことは、あなたの人生の楽しい冒険です。手放す勇気さえもてば、まったく違う世界が見えるものです。

コラム

〝いいエネルギー〟がみるみる充満する「名言集」③

人間には2通りある。
ひとつは、仕事にありつけない、とへこたれてしまう人間、
もうひとつは、たとえ仕事がなくとも、
必ず自分に何かやれる仕事があると信じている人間、
この2通りの人間である

ウォルト・ディズニー（実業家）

夢はクスリ、あきらめは毒

佐伯チズ（美容研究家）

ピンチだっていつかはおわりますよ

『リラックマ生活』より

Part 4

魅力的な人生は「時間の整理」から生まれる

――オンもオフも「最小の努力」で「最大の成果」を上げたいあなたへ

どんな人にも公平に与えられた〝宝物〟。何だと思いますか？

1日24時間、1年365日——そう「時間」という財産です。

けれど、時間は、意識するしないにかかわらず、とめどもなく流れ去ってしまうものです。だれも止めることも、増やすこともできません。

でもそこに工夫をこらしてみることはできます。

この章では、ほんのちょっとしたコツで、限りある時間を10倍にも20倍にも効率よく使う方法をご紹介します。

「自分の時間」をささやかでもデザインしていきましょう。

自分に「いいこと」を起こす〝時間術〟①

やりたいことは「手帳」で叶える！

これで仕事の〝段取り〟もプライベートも完ぺき！

手帳は人生を強力にサポートしてくれる〝あなた専属のマネージャー〟。仕事が速くミスが少ない人は、みんな手帳の使い方がうまいものです。

ちなみに私は、手帳はもう何年も同じものを使っています。「能率手帳の６４６１」。いろいろ使ってみましたが、使いやすさ、頑丈さにおいてこれに勝るものはありませんでした。

仕事は他の人と同じ量のはずなのにどうも自分だけ忙しい、うっかりミスが多い……という人は、これからご紹介する〝手帳活用術〟で頭の中をスッキリ整理しましょう。仕事の効率がみるみるアップするはずです。

①スケジュール欄は、仕事の内容ごとにマーカーで色を変える

私は手帳にスケジュールや何をするべきか書き込んだあと、必ずマーカーで色をつけています。お客様への営業は紫。ピンクは講演会。緑は企業研修、黄色は自社セミナー。プライベートはオレンジ……。パッと見た瞬間にそれがどんな仕事なのかわかりやすく、どういう動きをしたらスムーズか頭の中で整理できます。

②とにかく今日の仕事を全部書き出す

頭だけで考えていると、これもある、あれもある、と気持ちだけ焦ってしまいます。とにかく全部紙に書き出してみて、自分がどれくらい仕事を抱えているかを見る。そうすると、どれから手をつければいいのか、この仕事は明日でもいいのではなどがハッキリわかるのです。

大きな項目ではなく「○○さんにＴＥＬ」「○○さんにメール」「メルマガ原稿を書く」と細かくかつ端的に書き出すようにしています。

終わったところからチェックしていく。私の場合は大きなポストイット１枚に１日の分を書いて手帳に貼っていますが、コピーの裏紙でもいいのです。

今日の仕事が全部終わったら、捨てて帰るとスッキリします。達成感をお土産に！

自分に「いいこと」を起こす〝時間術〟②

成果・売上が倍になる「時間生産法」

時間はつくるもの！

「部屋を出る時はゴミをもって出る。部屋に入る時は洗濯物をもって入る。どんな時もついでにひと手間の〝往復仕事〟をすること」。これは、わが家の家訓のようなもの。

私は小さな頃から、料理屋をしていた家の商売の手伝いをよくしていました。まだ小学6年生の頃だったと思います。

宴会の席で追加のビールの注文が入ったので右手に4本、左手に6本入ったかごをもち、2階の宴席までていねいに運んでいきました。

階段を下りてきたら、父がものすごい勢いで「おまえはアホか！」と。

誉められるならわかりますが、怒られる意味がわかりません。

「追加のビールもっていった、ちゅうことは空いたビンがあるやろ？　なんで手ぶらで戻ってくるねん。手ぶらで出てまたとりに行くようなムダな事はしたらあかん。倍の時間がかかる。ちょっと頭つこうたらムダもなくなる！」

内心（うち、まだ小学生……）とも思いましたが、結果的にその教えは後々役に立ちました。往復仕事……ものすごく今は理解できます。

仕事ができる人は常に「効率的」「合理的」な動き方を考えています。仕事をしてみて、父の教えは正しかったことがよくわかりました。

私も営業職時代にお客様の所に商談に行くと、そのまま帰ってくるのではなく、そのまわりの会社に飛び込んでいました。コピーをとっている間に、コピー機のまわりの紙を整理したり、その帰りに資料を他の部署にとりに行ったり。トイレに立ち寄ったり。一度席を立ったら、それをムダにしない。

言われたことだけするのではなく「ついでにこれもしておこう」とひと工夫する往復仕事が、あなたの仕事から時間のムダを省いてくれます。

ちょっとしたことですが、有効な時間生産術なのです。

自分に「いいこと」を起こす〝時間術〟③

仕事がスイスイ面白いほどはかどる「集中法」

脳を飽きさせないひと工夫!

仕事は山積み、なのに時間だけが刻々と過ぎていく。時計を恨《うら》めしげに眺めてみても、仕事は減らないし、どうしても集中できない……。

そんな時、私ならこうアドバイスします。「今すぐ、そんな仕事はやめなさい!」

同じことの繰り返しを30分、40分と続けると脳が飽きるから、効率が落ちるのです。人間の集中力には限界があるのです。そんな時には、いっそのことその仕事はやらない。まずは他の仕事をすることにして、その後に改めて集中したほうがより効率的。

私が昔教師をしていた時にも、子どもたちが集中していないなと感じたら、授業を中断してドッジボールをさせたりしていました。一度身体を動かして発散させて、次の授業に集中させる。そのほうが、絶対に効率がよかったのです。

他にも集中力をうまく高める工夫ができると、仕事の効率を上げられます。

私が集中したい時。たとえば絶対今日中にこの原稿を仕上げると決めたら、私はオフィスから場所を変え、「ひとりの空間」をつくるようにしています。

隣の会議室にひとりでこもったりすることもありますが、新幹線、飛行機、車の中も邪魔されない「ひとりの空間」です。移動時間は、私にとっては大変仕事がはかどる時間なのです。

また、私は家で仕事をすることもありますが、休日にノーメイクにジャージでダラダラしていると、もち帰った仕事もなかなか仕上げられない。

ですから、そんな時は家にいても仕事モードに切り替える工夫をしています。

まずお風呂に入って、お化粧をし、きちんとした服を着用します。締め切り時間も必ず設定します。そうすると、ちゃんと〝けじめの線引き〟ができて仕事に集中できるのです。

形やリズムを仕事モードに切り替えることで、発想も動きもビジネスモードに切り替えていく。あなたもそんな〝集中力スイッチ〟をもつと必ず仕事がはかどります。

自分に「いいこと」を起こす〝時間術〟④

〝頑張るタイム〟と〝ごほうびタイム〟のメリハリ

結果を出して
定時に帰り…
お酒を飲む…至福！

私は、営業職時代から基本的に〝NO残業〟です。今日やるべきことはその日のうちに必ずやり遂げるようにしています。でも今日中にやったほうがいいけれども、別に明日でもいいものは、明日に延ばすのもOK。そう線引きしておけば、案外残業しなくてもなんとかなるものです。

まわりの人は「朝倉さん、あの仕事量をどうしてこなしているの？」と不思議がるのですが、秘密は「すき間時間」と「時間のブロック分け」にあります。

たとえば、移動の電車の中。お客様を待っている時間。ひとりで食事している時……。そういった〝すきま時間〟には、ボーッとするのではなく、仕事の段取りを考えたり、部下への指示をメールで出す。新幹線の移動などまとまった時間があれば、御礼状の草案を練ったり、次の講演で話すことを考えます。

また仕事中は30分間をひとつのブロックと区切って仕事をしています。集中力がもつのは、せいぜい30分。最初の30分間はこれ、次はこれと決めます。一つひとつの仕事をダラダラやるのは好きではありません。

自分の1日分の仕事を書き出して、一つひとつの仕事に何分かかるのか、一度しっかり計ってみるとおもしろいことがわかります。たとえば集中してやれば業務全部に5時間なのに、いつもダラダラと10時間以上会社にいる。そんな人も多いのです。今までいかにムダな時間を浪費しているかがわかります。毎日のムダに落としてしまった時間を拾い、その時間を積み重ねていくだけで大きな時間をつくることができます。

とはいえ、1分、1秒をがんじがらめにするのは疲れるもの。

私もよく「お酒を飲んでいる時間がもったいない」と人から言われます。でも、これは私には必要な時間。明日への活力とやる気、気分転換をはかるための価値ある時間なのです。夕方からいいお酒が飲めるように、電車の中でも仕事をし、日中はムダなく時間を使う。時間の使い方のポイントは、何よりメリハリです。

自分に「いいこと」を起こす〝時間術〟⑤

〝超多忙スケジュール〟はこうして乗り切る

〝交渉上手〟な女性は
遅れない！
疲れない！

あなたは、常に自分が抱えている仕事の量や納期が把握できていますか？

〝人のいい女性〟ほど、お客様や上司からの依頼が上手に断れず、仕事とストレスを抱え込んでしまうものです。

その人の役に立ちたい、まわってきた仕事は全部引き受けたい、その心意気は買いますが、自分の手に負えないほどの量を引き受けてしまい、結局「できませんでした」ではかえって相手の迷惑になってしまいます。

仕事である以上、納期というものがあります。〝やすうけあい〟は禁物。納期に遅れて迷惑をかけないためには、仕事を引き受ける時にはこんな〝交渉〟が必要です。

たとえば、上司から「この仕事を頼むよ」と言われましたが、今とりかかっている仕事があるとします。でもすぐに「できません」と言ってはカドが立つし、仕事人としては失格。仕事の優先順位をどう設定するのか。納期をいつまでにするのか、それによって今抱えている仕事が多少遅れてもいいのか。相手に承認・確認をその場で〝交渉〟しておきましょう。仕事ができる女性は、〝交渉上手〟なのです。

「かしこまりました。実は他にもこういう仕事を進めています。こちらは○曜日までに仕上げなければいけないのですが、それはいつまでに必要ですか」

「わかりました。実は今担当している仕事はこれと、これがあります。その仕事を優先するために、今の仕事が1日ずれてもいいでしょうか」

上司は一人ひとりの部下がどれだけ仕事を抱えているのか、わからないものです。あなたが仕事をたくさん抱えているのであれば、それはきちんと伝えることです。そうすると上司も「そちらの仕事も急ぐから、では他の人に頼もう」「今の仕事は遅れてもいいから、こちらをやって」と判断してくれるはずです。

あなた自身も、仕事の優先順位がはっきりすれば混乱しないですみます。これは自分もまわりもラクになる一番の方法です。

自分に「いいこと」を起こす〝時間術〟⑥

過去も未来も忘れ、「今」「ここ」に集中する

〝情熱〟をこの一瞬にぶつけよう！


あなたはこんな経験、ありませんか？

心の中の45％を「あの時、○○すればよかったのに」といった〝過去の後悔〟が占《し》める。他の45％を「また失敗したらどうしよう……」といった〝未来への不安〟が。

そしてその結果、一番大切な現在のことが、たった10％しか考えられない……。

今日という日を１００％で生きているという人は、案外少ないものです。

人はみんな平等に時間を与えられています。

どんな１日もあなたの大切な１日です。

与えられた仕事の責任と、その意味を感じながら仕事に取り組むのも１日。

夜遅くまで飲み歩き睡眠不足で、ボーッと仕事をしても1日。何度も同じ失敗をしているのに、改善策を見つける努力もせずに終わっても1日。やっているふりをして、嘘をついて過ごしても1日は1日。

何をしても、しないでも、時間は過ぎていくのです。

何もしなければ、成長できないまま、あなたの大切な時間がなくなっていきます。そのことに気づくことさえできれば、今日の過ごし方が変わっていくはずです。

たとえば、いつもやっている仕事でも、「昨日は1時間かかったことを、今日は59分でやってみよう。明日は58分でやってみよう」と、自分なりの目標を立てながらやってみると、楽しみながら「今、ここ」に集中できるはず。

途中で気づいた人と、何も気づかずに毎日を過ごしてしまった人。10年たつとどれくらいの開きがあるでしょう。

今日何をやるのか。それがすべてを決めるのです。

だれが見ていようが見ていまいが、自分に恥じない、誠実な今日の過ごし方、生き方をしたい。私はそう思っています。

自分に「いいこと」を起こす"時間術"⑦

オンとオフの"切り替えスイッチ"忘れずに押してますか?

昼と夜は別人!?

仕事ができて忙しい女性ほど、仕事とプライベートをきっちりわける"切り替えスイッチ"をもっているものです。

1日中ずーっとド緊張モード……。きっとあなたの身も心も疲れてしまいます。そんな状態ではプライベートでもつまらないし、楽しく仕事もできないでしょう。

私の"切り替えスイッチ"は、お酒とマッサージとお風呂。

ほぼ毎日、1日の最後は「けじめの研究」と題して飲んでいます(笑)。それが至福の時間であり、気持ちの切り替えをする時間なのです。

そしてお風呂も毎日朝と夜、2回入るようにしています。朝のお風呂はいわば闘いに挑むためのウォーミングアップ、夜のお風呂は1日の疲れを癒すクールダウンの時間。

そうやってできるだけ仕事の時は仕事に集中、プライベートの時は仕事のことを考えないようにしている私ですが、ただ、気になっていることがある場合、寝付くときにそれを思い出すようにしています。悩んでしまうと眠れないので、軽い感じで問題を整理しながらです。

そうすると、夜中にふっと目がさめて「これをやろう」とひらめくことがあります。そのひらめきを枕元のメモに書いておく。

こうして夜中に、私の中の無意識＝潜在意識が出してくれた答えは「大体正しい」というのが私の実感です。それに従って失敗した、ということはあまりありません。

寝ている間にも潜在意識は働いています。起きている意識に邪魔されずに「潜在意識に問題解決を任せてしまおう」という作戦です。

寝ている時だけとはかぎりません。そうやって考えるべき問題を、いつも頭のどこかに軽くおいておくと、リラックスした時にふとひらめきが湧いてくることがあるのです。

自分に「いいこと」を起こす〝時間術〟⑧

「他人と比べない！」自分の人生を充実させる生き方

だから、
恋も仕事も家庭も
全力投球！

最近は仕事と家庭を上手に両立させるのも特別なことではなくなりました。理解があり、協力的な男性も多いようです。けれどもやはり、女性の方に負荷がかかることは事実です。

私もよく「家庭と仕事、どうバランスをとるのが理想的ですか？」と質問されます。家庭と仕事、どう両立するか。むずかしいところです。けれども理想的なワーキングスタイルにだれにでもあてはまる〝スタンダード〟などないような気がします。

「一般的には……」「私の多くの友だちは」なんてものは関係なく「自分がどうしていきたいのか」に焦点を当てて考えていけばいいのではないでしょうか。自分なりのワーキングライフを楽しんでいく。そんな自由な発想でパートナーとともに考えていけばいいと思うのです。

たとえば、子育てに専念したいと思えば、それを楽しむのもあり。仕事をもっているることで「イキイキした自分」になれるなら、働けばいいでしょう。どちらにしても、どうすれば今を充実した時間にしていけるか、と考えていくことが大切。

働いている友人をうらやましがって、自分を卑下《ひげ》する必要もありません。優雅な専業主婦を見て「結婚してない私って……」とか「働かなくては食べていけないから」と眉間にシワをよせる必要もありません。

人は人、自分は自分。あなたにはあなたの人生の楽しみ方、生き方、価値観がある。私も同世代の女性とは少し違った生き方をしています。けれども他人の人生を見ても、うらやましいとか、その人になってみたい、とは思いません。

小さい時に「みんなもっているから私にも買って！」というと両親に大変怒られました。「みんなのせいにするな。欲しいなら欲しいとお前の意見で言え」。なによりも「自分がどうしたいかが大切だ」と教えられたのです。まったくその通りです。

あなたの時間を、あなたの人生を、どんなふうに使うかは、あなた次第なのです。

自分に「いいこと」を起こす〝時間術〟⑨

仕事も家庭も、これでうまくいく！

バランスよく
やっちゃおうよ！

家にいると仕事のことが気になって、職場にいると家のことが気になる――。仕事に思いっきり熱中できない中途半端さに、嫌気がさして辞めてしまう人もいると聞きます。独身時代に優秀な実績を残している人ほど、この傾向があります。

けれども、それはもったいないことです。何か工夫はできないでしょうか。

たとえば、やり残した仕事が気になって家事がおろそかになるくらいなら、いっそのこと家に仕事をもち帰ってはいかがでしょう。

そのかわり「ごめんなさい、1時間だけ仕事させて」と先に宣言して、パートナーに約束する。男性は女性より単純なので「私はあなたのことを大切に思っている」ということがしっかり伝われば、ある程度は我慢してくれる人が多いのです。

ただし、約束の時間は守ってください。「あと少し、あともうちょっと」といって結果的には3時間……。これではパートナーの堪忍袋の緒も切れてしまいます。

次にもし、どうしても残業しなければならない場合。

私はお客様との約束時間に遅れそうな時、遅れそうとわかった時点で連絡を入れます。そして、どのくらい遅れそうなのか、「絶対必要時間」に、これだけあれば大丈夫という「ゆとり時間」をプラスしてお伝えしています。2度目の約束破りをしないように。それと同じ考え、やり方です。

「残業になりそうだな」と「そうだな」と思ったその時に、パートナーに連絡。「決定」の時ではなく。そして、想定できる「絶対必要時間」＋「心のゆとり時間」を報告。

〝物理的な仕事〟はもち帰っても、〝心の仕事〟はもち越さない。そうやって心のモヤモヤや気になっていることをスッキリさせて、家庭では笑顔でいることを心がける。

その時々のライフスタイルに合わせた柔軟な選択が、仕事も家庭もうまくいく〝カギ〟なのです。

自分に「いいこと」を起こす〝時間術〟⑩

「感謝の朝日記」で自分を自分で〝大絶賛〟！

〝うまくいくであろうこと〟をリストアップ！

私が朝起きてまずすること。「今日も幸せ！　今日もいっぱいいいことが起きる！今日も素敵な自分がいるんだ！」と、朝一番に自分に宣誓する。そうすると、たとえいつもと変わらない朝でも、〝特別な日〟になるのです。

1日の始まりはできるだけ気持ちよくスタートさせたいですよね。ちょっと早起きして〝感謝の朝日記〟をつけてみるのもいいかもしれません。

日記といっても普通の日記ではありません。私がオススメするのは「未来日記」です。今日1日のことを頭の中でシミュレーションし、〝うまくいくであろうこと〟への感謝を先取りする。

たとえば、「今日はM社でプレゼン」という予定をただ書くのではなく、「今日のM社でのプレゼンは大成功！　ヤッター！　ありがとう！」と。

こんなふうに感謝を先取りして日記に書くと、〝潜在意識〟にいいイメージとしてハッキリ刻み込まれます。潜在意識は、入ってくる言葉をすべて記憶します。けれど、それが過去のことなのか、未来のことなのか、現実なのか嘘なのかは判断できません。ポジティブな内容の日記であれば、〝ポジティブな毎日〟として記憶するのです。

この後はいわば〝自動操縦〟です。

カーナビは目的地を設定すると、その方向に導いてくれます。これと同じで、今日1日のプラスのイメージを先に書いて目的地を設定してしまうと、潜在意識は少しずつ目的の方向に導いてくれるのです。

夜は、今日起こった中で、「一番いいこと」、「一番うれしかったこと」を思い出しながら眠りましょう。もしも、どうしてもよかったことが思い出せないとしたら、こういうふうになったらいいなという理想を頭の中で描くのも方法です。

だれが見ているわけでもありません。恥ずかしいくらい自分に都合のいい夢でいいのです。でも、それがいつの間にか実現していることに、ある日、気づくはずです。

自分に「いいこと」を起こす〝時間術〟⑪

夢への入り口はこんな近くにあった！

〝夢リスト〟に
目標を書くだけ、
たったそれだけ……

「具体的な夢や目標を紙に書き出していますか？」アメリカのエール大学で、学生に質問したところ、「YES」と答えたのはたった3％だったそうです。

でも20年後に追跡調査をしたところ、何と驚くことにYESと答えた3％の人たちは、見事に自分の目標をクリアしていたのです。さらにその3％の人たちの収入は、他の97％の人たちの収入を全部足したものよりもはるかに多かったそうです。

この実験の話を聞いた時、私は改めて「夢を紙に書き出すことのパワー」を確信したものです。

私も「目標はトップセールス」「目指すは社長の後継者」「今年は講師の勉強をして

みたい」……と書いて前の会社の社長に年賀状を出しました。手帳にも記してきました。それら紙に書いた目標は、本当にものの見事にクリアしています。

どんなことでもいいのです。

「この仕事を今週中に仕上げる」「企画書を10本通す」「3キロやせる」「フルマラソンに挑戦する」……。

書いた瞬間から〝成功のスイッチ〟が押されるのですから、書かない手はないです。

私は小さな目標や夢は思いついた時に書き留めますが、年始には、その年1年の目標を手帳に書くようにしています。これは6年間続けているお正月の恒例行事です。

書く場所も決まっていて、実家のある大阪のホテルラウンジです。

日常とは違う場所で、たったひとりで1年間を振り返り、次の1年を夢見る。

これはみなさんにオススメしたいと思います。

思いもかけない夢がひらめき、素敵な1年がそこからスタートするはずです。

自分に「いいこと」を起こす〝時間術〟⑫

「うまくいかない時」は、今がタイミングではないサイン!?

〝いい結果〟はあなたに近づくチャンスをうかがっている

「挑戦のないところに勝利なし！」は私の信条です。チャレンジした数だけ経験を積む。その分失敗の数も増えます。しかし、それは失敗ではなく経験。〝うまくいかない方法〟を編み出したくらいに考えましょう。人との比較ではなく、あくまでも主人公はあなた自身。自分のたった一度の人生をいかに生きるか。チャレンジしたから後悔しない。アクションを起こしたから結果が出るのです。

そのようにいろいろなことにチャレンジしていると、〝何をしてもうまくいかない時〟というものは必ずあるものです。私はそんな時には、「あぁ、きっと、今はタイミングじゃないいんだ」と思うようにしています。

やれるだけやったのに思うような結果が出なかったとしたら、無理して動きまわるより時期を待ったほうがいい時も多いのです。

私の会社のスタッフがすごく落ち込んだ時にも、そんな話をすることがあります。「そのかわり、忘れてしまうのではなくて、頭の片隅にちゃんともっておきなさい」とつけ加えて。

そうすると、ある日歯車が突然カチッと合うタイミングがあるのです。

恋愛でも無理強いして追いかければ追いかけるほど、相手は離れていきますよね。人も運も執着しすぎると逃げていくものなのです。

なんとなくうまくいかなくなった時に「私がよくないことをしたかな、まずかったかな」と自分を責める必要はありません。反省すべきことは反省してあとはひきずらない。

執着をなくし、ゆとりをもって何か違うことをやっていると、向こうから〝いい結果〟がやってくるということがあります。

「何が悪かったの？」と必要以上に自分を責めてしまいそうになったら、「今は最適なタイミングではなかった」と、時機のせいにしてしまいましょう。

コラム

〝いいエネルギー〟がみるみる充満する「名言集」4

最大の名誉は、けっして倒れないことではない。
倒れるたびに起き上がること

孔子（思想家）

「絶対に失敗しないとわかっていたら、
あなたは何をしてみたいですか？」

ロバート・シュラー（アメリカの宗教家）

楽しい人には草も花、いじけた人には花も草

フィンランドのことわざ

夢に向かっていても、それは自分との闘い。
自分との闘いに負けなければ、
たとえ夢が叶わなくとも、後悔をしなくてすむじゃない

フジ子・ヘミング（ピアニスト）

Part 5

居心地のいい人間関係をつくるには3秒あればいい！

——〝運〟は「人」が運んでくるのです

人生の質は、だれと出会ったか、で決まります。

「出会いこそ最大の儲け」――素晴らしい人との出会いが、あなたの成長を加速させるのです。

この章では、「人生を大好転させる出会い」を引き寄せ、「一生のおつき合い」にまで高める方法をご紹介します。

たった一度の大切な人生。素敵な人と、人生を輝かせるダイヤモンドのような時間を過ごしたいものです。

自分に「いいこと」を起こす〝人づき合い〟①

「この人ともっと仲よくなりたい！」を叶える〝聴く技術〟

「あなたとの会話＝気持ちがよかった」と脳が記憶し、よろこんでる！

「あの人ともっと親しくなりたい！」と思ったら、大切なのは話す力よりも聴く力です。

相手に警戒心を解いてもらおうと思うと、ついつい「私はこういう人なんです！」と自分をアピールしたくなりがち。

けれどもそこをグッとこらえて、相手の話を聴くところから始めてみましょう。

「聴く」とは、相手を理解しようとすることです。

人は、自分の話をじっと聴いてくれている相手に対して好感をもつのです。「この人は、自分に興味があるんだ。自分の話を気に入ってくれているんだ」と、警戒心を解いて語ってくれるのです。また、自分の好きな話ができると気持ちがよいので、相手の中に「あなたとの会話＝気持ちがよかった」といういい記憶が残るのです。

営業用語に「ラポール」という言葉があります。

これはもともと心理学用語で、セラピストとクライアントがお互いに信頼し合い、安心して話ができるような関係が成立している状態を表わします。相手が自分のことを語り、ラポールが築けた後は、相手の関心は必ずあなたに向きます。

ちなみに、私の場合、ラポールが築けた後の営業場面では、8割方を私が語ります。営業では「仲よくなりたい」と思われるだけでは、意味がありません。興味を抱いてもらえるような情報を伝え「この人と話すことはトクになりそうだ」と思ってもらえるようにするのです。

ただ「聞く」だけでなく、相手の望んでいることは何だろうと思いながら耳をすますと、より深く「聴く」ことができるようになります。

相手は、あなたの「聴く姿勢」で人間性をつかみ、「話す内容」で価値観を知ります。あなたのほうも同じです。こうして共に理解し合うステップに入っていくのです。

自分に「いいこと」を起こす〝人づき合い〟②

この距離感が心地いい!

違う価値観があるから
人は磨かれるんです

一緒にいると心地いい人と、なぜか疲れたり、イライラしてくる人がいますよね。

それは〝距離感〟が合う・合わないの問題です。

あなたにとって心地よい距離感とはどれくらいですか?

たとえば私は実際の物理的な距離については、比較的近い距離も平気です。

けれども、心理的にはあまりベタベタしたくありません。

親しい人であっても、手帳やバッグの中身などはあまり見せたくありません。もちろん携帯や日記などは見られたくありませんし、他人のものを見ることも絶対にしません。

初対面でズカズカとプライベートの話に踏み込まれることも好きではありません。けれども、たとえば、いつも手帳を机の上に広げっぱなしの人もいます。こういう人はスケジュール調整のためにと、「この日、空いていますか？」と人の手帳をのぞこうとするものです。あるいは自分自身のことやプライベートな話を長々とし、相手の話も聴きたがる人がいます。悪気がないからこそこういうクセは直そうとしても直りにくいものです。私たちはどうしても自分の価値観を中心に考えるので、相手も同じだと思ってしまいがちです。

でもあなたと相手は違います。心地よいと思う距離感も、価値観も違います。まずはこの前提を理解した上で、相手と向かい合いましょう。そしてお互いにとって心地よい距離感を探し出しましょう。相手が不快な顔をした時には、それを見逃さず、そこには触れない。あなたにとって不快なことをされた時にも「申し訳ありませんが、手帳をのぞかれるのはあまり好きではないんです」ときちんと伝えることも大切です。

違う価値観をもっているからこそ、さまざまな人との出会いが自分を磨いてくれるのです。

自分に「いいこと」を起こす〝人づき合い〟③

友人は「自分の心の中を映す鏡」です

友人の「いいところ」は
私の「いいところ」

自分の容姿は、鏡を見ればわかりますが、普通の鏡には自分の心の中や生き方までは映りません。でも実は、それらを〝くっきりと映し出す鏡〟がこの世に存在するのです。何だと思いますか？　それはあなたの身近にいる人たちです。

「つるみの法則」というのを知っていますか？　似た者同士が集まる「類は友を呼ぶ」という言葉があります。それと似たような意味で、人は、つるんでいるもの、つまりは触れ合うものと似るということ。身近にいる人にはあなたの〝真実の姿〟が映し出されているのです。

ですから、もしも自分を変えたいと思っているなら、意識的に自分の〝つるみ〟を変えてみるのもひとつの方法です。

24時間という限られた時間を、だれと一緒に過ごすかで人生は大きく変わります。

素敵だな、魅力的だなと思う人がいれば、触れ合ってみればいいのです。憧れから挑戦が始まります。いつか、ああなりたい、こうなりたい、憧れに一歩でも近づきたいという気持ちがあなたを大きく成長させるものです。

また身近にいいお手本になりそうな人、目指す人がいないとしたら、成功した人が書いた本、素敵な人が書いた本を読むことも方法のひとつです。

私も人生に迷った時、ありとあらゆるジャンルの本を読みあさりました。

「どうしたらプラス思考になれるんだろう」「どうやればあの人のようになれるんだろう」「どうやったら幸せになれるんだろう」……。そんな答えを探って書物に夢中になったのです。本には人生の大先輩たちからのアドバイスがいっぱい詰まっていました。成功や素敵への地図が記されていました。

その気になれば手段・方法はいくらでもあるものです。

あなたが普段触れるものを変えてみることが、「なりたい自分」になる一番の近道です。

自分に「いいこと」を起こす〝人づき合い〟④

長くおつき合いしたいなら「嫌いなコト」探しから!?

これだけは〝大NG!〟をおさえておく

「また会いたい!」と思われる女性になる一番簡単な方法をお伝えしましょう。

相手の好きなモノを徹底的にリサーチする? それもひとつの方法ではあるけれど、好きなことは数限りなくあって、なかなか覚えきれません。もっとピンポイントで、しかもより効果的なこと。それは、逆の「嫌いなモノ」の情報を集めることです。

これはある料亭での話ですが、その店は不景気な時期でも客足が落ちません。その秘密は、お客様の情報をきちんとストックしておくことでした。それも好きなモノではなく、嫌いなモノ。お客様の残した料理をデータベース化していたのです。そしてそのお客様が2度目に訪れた時は、以前に残した料理を絶対に出さないということを徹底していたそうです。お客様は嫌いなモノが出ないので、店でイヤな思いをすることがない。

〝好物〟を情報化しておく店は多いのですが、その情報だけだと、結局いつも同じ料理を出すことになります。それよりも「この食材さえ使わなければＯＫ」と考えていく方が変化に富んだメニューが出せます。そうした意味でもとても賢い戦略なのです。

これは、人との接し方でも同じ。相手にとって絶対してもらいたくないことを覚えておく。そうすると、「あなたといると心地いい！」と思ってもらえるのです。

たとえば、つき合って間もない恋人に、今後の参考のために前の彼女のことを聞く時。「前の彼女はどこがよかったの？」とは聞いてはいけません。彼氏から昔の彼女の自慢話が語られるだけ。それよりも「どこがイヤで別れたの？」と聞いてみることです。彼は彼女の我慢できなかった点を教えてくれるはずです。そしてそれは、あなたも「絶対にやってはいけない」ことなのです。

そこから彼が何を大切にしている人なのか、その傾向もだんだんわかってきます。

相手が嫌がることをしっかり覚えて、それをしないようにする。これが好意を長続きさせるひとつのポイントです。

自分に「いいこと」を起こす"人づき合い"⑤

仕事に「好き」「嫌い」を持ち込むのは絶対にソンです

仕事は、苦しいことも含めて楽しいよ！

あなたの職場にもいませんか？　ガミガミと口うるさく言う人。耳に痛い言葉を次々となげかけてくる人。

私の父は、実家に帰るたびに、こんなふうに言います。

「苦言を呈《てい》する人の存在を忘れたらあかんでぇ。いやなこと、耳の痛いことを言うてくれる存在は大事や。うっとうしく思わんと聴く耳もちゃ」

松下幸之助さんは、「叱ってくれる人をもつことは大きな幸福である」とおっしゃっています。

若いうちは、苦言を言ってくれる人の価値がわからないかもしれません。たとえわかってはいても、上司やお客様から頭にくる言葉を言われて怒ったり、傷ついて悲しんだりすることもあります。

私も昔はそういう人に対してムッとして「結果を出してギャフンと言わせてやる！」という負けん気で向かっていったこともあります。

けれど、いろいろと経験を積んだ今では、私のまわりの苦言を呈してくれる人は、相手に厳しいだけでなく、自分にも厳しい人ばかりだということに気づきました。

人間だれしも嫌われたくないもの。それなのに、あえて言ってくれることにどこかで愛情を感じ、尊敬の念を感じざるをえないのです。

厳しいことを言ってくれる存在は、〝自分を鍛えるチャンス〟の提供者です。うるさいからとか、嫌いだからとかそんな理由で遠ざけてしまうのは本当にもったいない話。

その時は、一緒にいることが「苦痛だな」と思っても、「この人から何かを得たい」「学びたい」と思うと、必ず背伸びが身の丈になります。

あなたもいつか、大きく成長した時、実はその人こそ大切な恩師であったことに気づき、敬う気持ちがめばえてくるはずです。

親孝行にやり過ぎはありません

思い立ったが吉日！
今日、「ありがとう」って
伝えよう

「この人って信用できるのかしら？」

仕事上のつき合いであれ、恋人候補であれ、その人の人間性をズバリと見抜く方法があります。それは、その人の親に対する態度を見ること。

先日、あるお坊さんからこんな話を聞きました。「親をないがしろにしている人とは親友になれない。その人はやがてその友だちも捨てるから。親にしている行動がすべてを物語る……」

親に感謝ができる人は、そこにあって当たり前と思えるものに対して感謝ができる人。

親に「うるさい！」と言っている人や親をないがしろにしている人は、たまにしか会わない人にはいい顔ができても、親しくなったら、必ずそういう態度をとる人かもしれません。

私は声を大にして言いたい。

「親を大事にできなくて、どうやって人を大事にするのですか」と。

私の両親は幸いなことに今も健在ですが、時々思うことがあります。この先、どれだけ親孝行ができるのだろうと。親の愛情に比べたら、親孝行にきっとやり過ぎということはないでしょう。こうして私がこの世に存在していられるのは、やはり両親があったから。親が子を思う心、海よりも深い親の愛……〝世界で一番尊い宝石〟といっても過言ではありません。

あなたは、両親や身近な人に「ありがとう」と言っていますか？

「大切！」という気持ちを、言葉や行動に表わして伝えていますか？

お金をかけなくても、できることはいっぱいあります。たまには手料理をふるまってみたり、ただ「元気？　変わったことはない？」と、電話をかけるだけでも親孝行です。思いをきちんと示していくことが大切です。

恋愛の悩みがあるのは幸せなこと！

恋も仕事も、思いどおりにいかないからあなたを成長させるのです

仕事をバリバリこなすスーパーウーマンでも、「恋ってうまくいかない！」なんて嘆くこともあるはず。そんな乙女心、元・乙女としてよくわかります。

しかし、恋愛の悩みがあるっていうのは幸せなことです。

だれかを好きになっている自分や、だれかのことを思って眠れない自分、だれかのためにキレイになる努力をしている自分。そんな自分がいることも、そんな相手と巡り合えたことも幸せなことです。

ふだん仕事ができてしっかりしている女性ほど、好きな人に「好き」と告げられないと悩む人が多いようです。

私は好意を感じたら、素直に言葉で表現します。でもこんなふうに。
「あなたのものの見方、考え方が好きです」「〇〇さんの服のセンス、好きです」……。
「あなたが好きです」とその人自身に焦点を当てると急に重たい言葉になりますから、言いにくいもの。その人のしていること、言っていることを感じたまま率直に好きだと言うのです。

好意をもっている、ということは素直に伝えておきたいものです。

リラックスしてこんな気持ちで伝えてみてはいかがですか？
「もし仮にその思いを受け入れてもらえなかったとしたら、彼は私に合わない人。神様は私にとって、いい人との巡り合わせしかつくらない。もし彼とダメならば、彼は私にとっての運命の人じゃなかった、ただそれだけのこと」と。

そして執着しない。失恋した時には、他のことを一生懸命にやることです。習い事でも、趣味でもいい、もちろん仕事でもいい。何かにのめり込むことです。

恋愛の神様は「ハッピーオーラ」が大好きです。終わった恋に執着して〝どんよりオーラ〟を出しているよりも、何かに熱中して自分から〝幸せオーラ〟を振りまいていれば、自然と素敵な人はあなたに集まってくるものです。

自分に「いいこと」を起こす〝人づき合い〟⑧

「人生の師《メンター》」のつくり方

上司でも友人でも親でも、〝ちょっとしたアドバイス〟が人生に奇跡を起こす

ビジネスはもちろん、スポーツ、芸術……さまざまな分野で女性の活躍が目立ちます。「女性の応援団」を自称する私としては、うれしい限りです。

仕事でもプライベートでもまぶしいほど輝いている女性の多くに共通するのが、〝心のメンター〟、〝人生のメンター〟をもっていること。

メンターとは、指導者、恩師、信頼のおける相談相手というような存在。メンターといえる人との出会いは、大きな成長のカギとなります。

それは、上司やコーチ、友人あるいは家族かもしれません。人ではなく書物かもしれません。

でもそれは、待っているだけでは見つかりません。

私は昔、『大物になる頭の使い方』（三笠書房）という本を読み、とても感動しました。そしていてもたってもいられなくなり、著者の見山敏《みやまさとし》先生に直接会いに行ったのです。その後、見山先生は現在にいたるまで私の大切なメンターです。

私の不満に同調せずに、私のやる気が出るような言葉をくださいます。「いいよ、いいよ」と頭をなでてくれるのではなく、背中を押したり、決して強い口調ではなく叱咤《しった》激励《げきれい》したりしてくださるのです。

もちろん、メンターは特別な人でなくてもいいのです。もっと身近な人。たとえばあなたの親でもいいのです。私にとっても、母はメンターのひとりです。

厳しい言葉を言って私を奮い立たせてくれる他のメンターとは違います。

「この母は私にどんなことがあっても、私の手を離すことはない」と信じられる。いつも私のすることを丸ごと認めてくれていました。

絶対的な信頼を寄せてくれる人の存在ほど、自分を強くしてくれることはないといつも感じています。

コラム

〝いいエネルギー〟がみるみる充満する「名言集」5

私たちは、心の中で考えたとおりの人間になります

ジェームズ・アレン（作家）

チャレンジして失敗を恐れるよりも、何もしないことを恐れろ

本田宗一郎（ホンダ創業者）

想像力は知識よりも大切である

アインシュタイン（物理学者）

いやいやする労働はかえって人を老衰に導くが、
自己の生命の表現として自主的にする労働は、
その生命を健康にする

与謝野晶子（歌人）

参考文献

『座右の銘』大島正裕編／実用図書刊行会
『人を動かす名言名句大事典』塩田丸男・鈴木健二監修／世界文化社
『しびれるほど仕事を楽しむ女たち』日経ウーマン編／日本経済新聞社
『誰でもできるけれど、ごくわずかな人しか実行していない成功の法則』ジム・ドノヴァン／ディスカヴァー・トゥエンティワン
『働く理由』戸田智弘／ディスカヴァー・トゥエンティワン
『乙女の教室』美輪明宏／集英社
『無理なく続けられる年収10倍アップ勉強法』勝間和代／ディスカヴァー・トゥエンティワン
『美肌生活』佐伯チズ／講談社
『リラックマ生活』コンドウアキ／主婦と生活社
『フジ子・ヘミングの「魂のことば」』ヘミングフジ子／清流出版
『「原因」と「結果」の法則』ジェームズ・アレン／サンマーク出版

本書は、本文庫のために書き下ろされたものです。

朝倉　千恵子（あさくら　ちえこ）
　1962年、大阪府生まれ。小学校教師、税理士事務所、証券ファイナンス会社勤務を経て35歳で㈱社員教育研究所に入社。中途採用・営業経験ゼロからのスタートにして、2000年度に年間売上ダントツ・ナンバーワンとなり、2001年に独立。現在、㈱新規開拓代表取締役社長。社員教育コンサルタント・モチベーターとして全国を飛び回り、企業の管理職、セールスパーソンの教育研修を手掛ける一方、「トップセールスレディ育成塾」を主宰。働く女性の大きな支持も得ている。著書に『不思議なくらい「心が強くなる」言葉』（三笠書房《知的生きかた文庫》）『すごい仕事力』（致知出版社）『初対面の1分間で相手をその気にさせる技術』（日本実業出版社）ほか多数。
株式会社新規開拓　ポータルサイト
http://www.shinkikaitaku.jp/
◆企業研修・公開セミナー　専用サイト
http://www.houjin-event.com/
◆トップセールスレディ育成塾　専用サイト
http://www.tsl-lady.com/
朝倉千恵子のブログ
http://ameblo.jp/shinkikaitaku-asakura

知的生きかた文庫

不思議《ふしぎ》なくらい
「自分《じぶん》を成長《せいちょう》させる」60の言葉《ことば》

著　者　朝倉千恵子《あさくらちえこ》
発行者　押鐘太陽
発行所　株式会社三笠書房
郵便番号一〇二－〇〇七二
東京都千代田区飯田橋三－三－一
電話〇三－五二二六－五七三四〈営業部〉
　　〇三－五二二六－五七三一〈編集部〉
http://www.mikasashobo.co.jp
印刷　誠宏印刷
製本　若林製本工場
© Chieko Asakura,
Printed in Japan
ISBN978-4-8379-7760-5 C0130
落丁・乱丁本は当社にてお取替えいたします。
定価・発行日はカバーに表示してあります。

「知的生きかた文庫」の刊行にあたって

「人生、いかに生きるか」は、われわれにとって永遠の命題である。自分を大切にし、人間らしく生きよう、生きがいのある一生をおくろうとする者が、必ず心をくだく問題である。

小社はこれまで、古今東西の人生哲学の名著を数多く発掘、出版し、幸いにして好評を博してきた。創立以来五十余年の星霜を重ねることができたのも、一に読者の私どもへの厚い支援のたまものである。

このような無量の声援に対し、いよいよ出版人としての責務と使命を痛感し、さらに多くの読者の要望と期待にこたえられるよう、ここに「知的生きかた文庫」の発刊を決意するに至った。

わが国は自由主義国第二位の大国となり、経済の繁栄を謳歌する一方で、生活・文化は安易に流れる風潮にある。いま、個人の生きかた、生きかたの質が鋭く問われ、また真の生涯教育が大きく叫ばれるゆえんである。

そしてまさに、良識ある読者に励まされて生まれた「知的生きかた文庫」こそ、この時代の要求を全うできるものと自負する。

本文庫は、読者の教養・知的成長に資するとともに、ビジネスや日常生活の現場で自己実現できるよう、手助けするものである。そして、そのためのゆたかな情報と資料を提供し、読者とともに考え、現在から未来を生きる勇気・自信を培おうとするものである。また、日々の暮らしに添える一服の清涼剤として、読書本来の楽しみを充分に味わっていただけるものも用意した。

良心的な企画・編集を第一に、本文庫を読者とともにあたたかく、また厳しく育ててゆきたいと思う。そして、これからを真剣に生きる人々の心の殿堂として発展、大成することを期したい。

一九八四年十月一日

刊行者　押鐘冨士雄

知的生きかた文庫
わたしの時間シリーズ

男と女が知っておくべき「分かち愛」のルール

ベスト・パートナーになるために

心理学博士 ジョン・グレイ
大島 渚【訳】

「男は火星から、女は金星からやってきた」のキャッチフレーズで世界的大ベストセラー！

推薦 中山庸子

えっ　男と女は違う星からやってきたの？パートナーの本当の気持ちがわかり、〝二人のもっといい関係づくり〟の秘訣を何もかも教えてくれる究極の本です。

〝6枚の切符〟が「愛される自分」を連れてきてくれる

ベストフレンド ベストカップル

『ニューヨーク・タイムズ』38週連続ランク・インの大ベストセラー
あなたの一番大切な人と一緒に読んでください！

推薦 江原啓之

「この本を読んで、ベストカップルになるためのルールを、ぜひ実行してください。あなたの中に電池のように愛が充電されていくでしょう。これこそ、〝幸せになる〟究極の法則なのです。

C20009

知的生きかた文庫

図解　世界がわかる「地図帳」
造事務所

「世界一石油を消費する国」「世界一徴兵期間の長い国」……など、95の新しい視点で世界を切り取った地図帳。「今の世界」「10年後の世界」が見える！

「その時歴史が動いた」心に響く名言集
NHK『その時歴史が動いた』［編］

永久保存版『その時歴史が動いた』名語録。各回の主役たちが遺した「歴史の名言」を厳選、そこに込められた哲学や人間ドラマを浮かび上がらせます！

NHK「トップランナー」の言葉
NHK『トップランナー』制作班［編］

各界の第一線で活躍中のゲストから、その仕事哲学や生き様を引き出していく『トップランナー』。NHKの人気番組から「心を奮い立たせる名言」を集めました！

本は10冊同時に読め！
成毛　眞

本は最後まで読む必要はない、仕事とは直接関係のない本を読め、読書メモはとるな——これまでの読書術の常識を覆す、画期的読書術！　人生が劇的に面白くなる！

たった3秒のパソコン術
中山真敬

「どうして君はそんなに仕事が速いの?」——その答えは本書にあった！　これまでダラダラやっていた作業を「たった3秒ですませる法」をすべて紹介。

C50058

知的生きかた文庫
わたしの時間シリーズ

24時間がもっともっと充実します!

魅力的女性は話し上手

永崎一則

＊印象に残る人は、こんな〝ことば美人〟!
聡明でセンスある話し方・聞き方のコツ

うっかり口から飛びだした〝ひとこと〟から誤解が……そんな人間関係のトラブルを防ぐためにも「話し方」を身につけるたい話力が高まれば、魅力もグンと増す!

気がきく女《ひと》は幸運をつかむ!

中野裕弓

＊元世界銀行人事カウンセラーが教える
〝チャンスの波〟にのる素敵なルール

好奇心があって、いつも素敵で、仕事もテキパキ――働く女性の24時間……ONとOFFが、もっと楽しく充実するヒントがつまっています!

今日を「いい気持ち」で生きるレッスン

海原純子

＊心に〝晴れマーク〟をつけよう!
「いいエネルギー」で心を満たす方法、満載!

「最近、ちょっと笑顔がたりないな」と思ったら、この本の〝元気の素〟をたっぷり補給しましょう。たちまち「すがすがしい笑顔」が戻ってくるはずです!

C30036

知的生きかた文庫
わたしの時間
シリーズ

不思議なくらい「心が強くなる」言葉

「元気な私」の24時間ブック

朝倉千恵子

すぐに効果が出る「言葉のチカラ」を活用してますか?

この効果はまさに劇的――
人生に奇跡のような「楽しい変化」が訪れる!

◆あなたの中に「自信の芽」がぐんぐん育ちます
◆幸福に続く「秘密の通路」が見つかります
◆「素敵な出会い」があなたをもっと輝かせます
◆人間関係に「うれしい変化」が起こります
◆「本当にやりたいこと」に出会えます
◆「願いが叶うスピード」が10倍になります

本書の「言葉」を口に出してみてください。力がみなぎってきませんか? 退屈だと思っていた日常の風景がキラキラと輝いて見えませんか? 「思った通りの人生」を手に入れるヒントがたくさん詰まった一冊!

C10016